青少年走近领袖人物丛书

周恩来的故事

罗范懿 ◎ 著

图书在版编目（CIP）数据

周恩来的故事 / 罗范懿著 . -- 南昌：江西人民出版社，2024.6
（青少年走近领袖人物丛书）
ISBN 978-7-210-15347-4

Ⅰ.①周… Ⅱ.①罗… Ⅲ.①周恩来（1898-1976）—生平事迹—青少年读物 Ⅳ.① K827=7

中国国家版本馆 CIP 数据核字（2024）第 030721 号

周恩来的故事
ZHOU ENLAI DE GUSHI

罗范懿　著

策　　　划：王一木
责 任 编 辑：胡文娟
装 帧 设 计：马范如

 江西人民出版社　出版发行
Jiangxi People's Publishing House
全国百佳出版社

| 地　　　址：江西省南昌市三经路 47 号附 1 号（邮编：330006）
| 网　　　址：www.jxpph.com
| 电 子 信 箱：jxpph@tom.com
| 编辑部电话：0791-88672031
| 发行部电话：0791-86898815
| 承　印　厂：江西润达印务有限公司
| 经　　　销：各地新华书店

开　　本：787 毫米 × 1092 毫米　1/16
印　　张：9.75
字　　数：130 千字
版　　次：2024 年 6 月第 1 版
印　　次：2024 年 6 月第 1 次印刷
书　　号：ISBN 978-7-210-15347-4
定　　价：30.00 元
赣版权登字 -01-2024-301

版权所有　侵权必究
赣人版图书凡属印刷、装订错误，请随时与江西人民出版社联系调换。
服务电话：0791-86898820

前言

为深入学习贯彻落实习近平新时代中国特色社会主义思想、党的二十大精神，引导青少年践行社会主义核心价值观，帮助广大青少年树立正确的历史观、民族观、国家观和文化观，为他们打好精神底色，扣好人生第一粒扣子，江西人民出版社精心策划、隆重推出了主题阅读图书"青少年走近领袖人物丛书"，旨在让青少年通过阅读领袖人物的故事，树立爱领袖、爱祖国、爱社会主义的理念和感情，成为担当民族复兴大任的时代新人。

"青少年走近领袖人物丛书"包括《马克思的故事》《恩格斯的故事》《列宁的故事》《毛泽东的故事》《周恩来的故事》《刘少奇的故事》《朱德的故事》《邓小平的故事》《陈云的故事》，共9册，选取领袖人物成长经历和革命生涯的感人故事，以小见大地向广大青少年介绍了他们的坚定信仰、高超智慧、深邃思想、乐观精神、伟岸人格和心系人民的伟大情怀。

这套丛书在语言风格和叙述方式方面，努力贴近青少年的阅读习惯及接受能力,力求以生动形象的小故事作为切入点,由浅入深地讲大道理,深刻而不失亲切,严谨而不乏生动,为读者呈现了一个个饱满生动的领袖人物形象。在版式设计上,注重疏朗大气,强化视觉冲击,以增强可读性、趣味性。此外,作者精心研究了各领袖人物的权威文献资料,注重选材精、形式活、事例美,意在完整、准确、生动地再现伟大领袖的本来面貌。总之,"青少年走近领袖人物丛书"主题突出、特色鲜明,兼具历史研究价值和文学艺术价值,是青少年革命传统教育和爱国主义教育读本,对世人认识、理解和学习领袖人物大有裨益。

少年强则国强,少年进步则国进步。当代中国青少年,既是实现第一个百年奋斗目标的经历者、见证者,更是实现第二个百年奋斗目标、建设社会主义现代化强国的生力军,赶上了大有可为、大有作为的美好时代。习近平总书记说:"明天的中国,希望寄予青年。青年兴则国家兴,中国发展要靠广大青年挺膺担当。年轻充满朝气,青春孕育希望。广大青年要厚植家国情怀、涵养进取品格,以奋斗姿态激扬青春,不负时代,不负华年。"

希望广大青少年读者通过阅读和学习本书,将伟大领袖人物作为心中的榜样标杆,向他们看齐,坚持涵养进取品格、树立远大志向、刻苦学习知识、锻炼强健体魄,厚植爱党爱国爱人民的高尚情怀,用青春作笔写未来,在实现中华民族伟大复兴的生动实践中放飞青春梦想,书写人生华美篇章。

目录

1. 东方破晓 / 001
2. 三母捧莲 / 003
3. 磨难少年 / 006
4. "为了中华之崛起"而读书 / 008
5. 誓做中华之主人 / 012
6. 话剧"女演员" / 015
7. 南开学子 / 017
8. 日本留学 / 020
9. 五四运动的闯将 / 023
10. 创立觉悟社 / 026
11. 旅欧生涯 / 029
12. 黄埔军校政治部主任 / 033
13. 两次东征 / 035
14. 五卅惨案 / 038
15. 革命伴侣 / 040
16. 暗杀 / 043
17. 上海工人第三次武装起义 / 046
18. 南昌起义 / 049

19. 赴莫斯科参加中共六大 / 054

20. 上海特科 / 058

21. 临危不乱 / 061

22. 力荐毛泽东 / 063

23. 长征路上 / 066

24. "那怎么能行" / 069

25. 撤离瓦窑堡 / 071

26. 西安事变 / 073

27. 政治部第三厅 / 079

28. 莫斯科治伤 / 083

29. 重庆谈判 / 089

30. 空中遇险 / 092

31. 掌声响起来 / 095

32. 呵护新生命 / 098

33. 三大战役副总指挥 / 100

34. 政务院总理 / 104

35. "拆了玻璃墙" / 108

36. 总理家庭 / 111

37. 五个"办公室" / 116

38. "一五"计划 / 121

39. 别忘了人民群众 / 124

40. 用车的账单 / 126

41. 出国的"保密箱" / 128

42. 大国外交家 / 131

43. 淮安旧居 / 135

44. 日理万机 / 139

45. 十里长街送总理 / 142

46. 您是这样的人 / 146

主要参考书目 / 147

1 | 东方破晓

苏北平原,一马平川。京杭大运河和东流入海的淮河交汇,形成了南北孔道、江浙要冲的淮安古城。

东方破晓,霞光灿烂。淮安古城,又迎来了新的一天。古城有唐代的文通塔,在霞光中显出塔尖;有宋时的镇淮楼,飞出楼翼;还有城东街的关天培祠堂,古朴肃穆……晨光里更深更远的朦胧是新石器时代的先民在此创造的青莲岗文化,青莲岗文化的乳汁滋养着每一位淮安人。

1898年3月5日,正在这东方破晓时,古城中驸马巷的一所宅院里,呱呱坠地的男婴的啼哭声,打破了清晨的宁静。

这个男婴就是周恩来。

周恩来的祖父周起魁,这时已不在人世。周起魁原是浙江绍兴人,迁到淮安后,一开始在淮安做师爷(清朝官府的幕僚、秘书),后来做了知县。周家本是名望之家,但并没有什么田产。祖父过世后,到了周恩来父辈时,家庭的经济状况日渐衰落。

周恩来的生父周贻能(后改名劭纲,字懋臣)生性忠厚老实,在外省做小职员,支撑一家的生活。周恩来出生时,曾任淮安府清河县

（1914年改名为淮阴县）知县的外祖父万青选病危。第二天，他得知周恩来的生辰后，十分高兴，认为这个外孙将来会有出息，叮嘱女儿万冬儿好好抚养。不久，老人就病逝了。

周恩来成了父母的宝贝，他们给他取的幼名是"大鸾"。鸾是一种与凤凰齐名的神鸟，象征幸福吉祥。父母对他们的第一个孩子寄托了人世间最美好的希望。

大鸾5岁进私塾读书，取学名周恩来，字翔宇。

古城淮安，迎来一天又一天的东方破晓……周恩来渐渐懂得"东方破晓"的寓意，懂得长辈对自己的美好期望。

2 | 三母捧莲

周恩来快满周岁时，有一天，父母抱着他到小叔父周贻淦的床前，对他说："大鸾，叫声'爸爸'。"

"爸爸！"周恩来看着躺在病榻上的小叔父，只是象征性地"咿呀"了一声，并不懂得这一声有多么重要。这一声让生命垂危的小叔父睁开眼睛，露出一丝笑容，并颤巍巍地伸出手来，拉住周恩来的小手不放……两个月后，小叔父撒手人寰。

周恩来在小叔父弥留之际的这声"咿呀"，是心地善良的周贻能夫妇有意让周恩来为小弟延续香火，让小弟在离世前得到一点儿安慰。就这样，周恩来被过继给小叔父周贻淦。

年幼的周恩来为小叔父披麻戴孝，小叔母陈氏成了周恩来的第二位母亲。

陈氏又为周恩来请来一位乳母，叫蒋江氏，他们一同生活。这样，周恩来就有了三位母亲：生母、嗣母、乳母。

生母万冬儿性格开朗，精明果敢。她办事有主见，有魄力，待人接物礼节周全，周家都靠她操持。

周恩来6岁时，随父母、嗣母、乳母和两个弟弟一起搬到了外祖父家居住。生母万氏除了送他念书，还经常带他参加亲友的婚礼、丧事，学习礼节；过年过节请客摆席也带他参加，学应酬答对；家族出现纠纷时也带着他，去参加调解。

从给周恩来取幼名"大鸾"，到有意带他广泛接触生活中的人情世故，足见万氏培养周恩来早日处世立业，以似"大鸾"展翅的良苦用心。

嗣母陈氏出身于书香门第，她的父亲是清朝的秀才，兼通医学。她性格温和，办事细心，仁慈礼让，自幼喜好诗文、书画，有广博的知识和较深的文学修养。陈氏因为年轻守寡，从不外出，把全部感情和心血都倾注在对周恩来的抚养和教育上。

从4岁起，周恩来就跟随陈氏读书，习字。为帮助孩子更轻松地学习，陈氏还教周恩来同小朋友做拼字游戏：把诗词写在一块厚纸片上，然后把字一个个地剪下来，打乱顺序，进行拼诗词比赛，看谁能又快又准确地拼成一首（句）完整的诗词来。

周恩来几乎都是第一个准确拼完的。"出淤泥而不染，濯清涟而不妖"，周敦颐先生《爱莲说》中的这句名句，他很快就拼好了。陈氏指着荷塘里的荷花细心地给他解说文意。莲花洁身自好的品质，从此在周恩来幼小的心灵留下了深刻的印象。

嗣母陈氏还常常给周恩来讲故事。如《天雨花》、《再生缘》、太平天国、义和团、宋代女英雄梁红玉以及清代民族英雄关天培的故事等。其中，梁红玉和关天培的故事正是发生在周恩来的出生地淮安古城。

乳母蒋江氏，是一位纯朴、宽厚、慈爱的农村少妇。她虽然文化程度不高，但传承给周恩来的是另一种人生。她把犁田、播种、插秧、收割、晒谷、舂米的劳动生活讲给周恩来听，也带他到大运河边的家里去玩，看农民耕耘劳动，引导他理解嗣母陈氏教给他的"谁知盘中餐，粒粒皆辛苦"的含意，让这位城里的宦家宠儿，早早走进农村，走近农民，走近底层劳动者，感受生活的酸甜苦辣。

40年后,周恩来还深情地说:"直到今天,我还得感谢母亲的启发。没有她的爱护,我不会走上好学的道路。"他又说:"嗣母终日守在房中不出门,我的好静的性格是从她身上承继过来的。但我的生母是个爽朗的人,因此,我的性格也有她的这一部分。"他还讲过:母教的过分仁慈和礼让,对他的性格也是有影响的。

三位母亲不同的性格、不同的爱好和不同的人生经历,给周恩来的成长以不同的滋养,她们把人间珍贵的母爱都给了周恩来。生母的精明果敢,嗣母的厚德好学,乳母的纯朴耐心,无不为周恩来以后的立身处世打下良好的基础。

3 | 磨难少年

周恩来的祖父过世后,这个没有田产积蓄、只靠官府俸禄为生的家庭,很快走向衰落。父亲周贻能在兄弟四人中排行第二,才学和能力都不如祖父。他学过做师爷,但因性格憨厚,不苟言笑,与世无争,最后没有学成。周贻能和他的兄弟不得不奔走他乡,谋个小职员做,挣些微薄的薪俸以养家度日。

1907年,周恩来9岁。这年春天,生母万氏患胃癌去世,年仅30岁。周恩来此时已有两个弟弟,面对三个未满10岁的孩子,外祖母还硬要维持她官宦人家的面子,非厚礼安葬女儿不可。父亲只好借钱买了楠木棺材安葬了妻子。料理完丧事,家里已经债台高筑了,父亲只好托人介绍去了湖北谋事。嗣母陈氏十分悲痛,染病日重。她见周恩来和两个弟弟的生活窘迫,便带周恩来兄弟仨回到娘家宝应堂兄家暂住两个月,后回到清江浦。

第二年夏天,周恩来尚未从失去生母的悲痛中走出,又再次蒙受巨大打击。嗣母陈氏因肺结核治疗不见效,被病魔夺去了生命。10岁的周恩来作为家中长子,还要照料两个弟弟,于是强忍心中的悲痛,像一个成年人一样担起料理嗣母陈氏后事的重任。他提出,陈氏妈妈简便入殓，遗体运回淮安和小叔合葬。

在那萧瑟秋风扫落叶的季节里，一个 10 岁的孩子，领着两个弟弟，披麻戴孝，扶着嗣母陈氏的灵柩，乘船返回淮安。

父亲和伯父都在外地谋生。三叔父周贻奎瘫痪在床不能劳动。为了维持生计，周恩来不得不拿家里值点儿钱的东西去当铺典押，或向亲戚借钱。

世态的炎凉，人情的冷漠，也在周恩来幼小的心灵刻下了深深的烙印。

在债台高筑、借贷无门的情况下，满脑子封建思想的长辈们，还要周恩来在墙上贴上一张纸，把亲戚的生日等记下来，勿忘到时借钱送礼，还要到处磕头行礼。周恩来内心并不愿这样做，但迫于生计，出于对长者的礼貌和尊重，他又不得不领着弟弟们去做。小小头颅一次次磕下去，一次次沉思，一次次昂首，一次次寻找新出路……

忍耐、坚韧、精明、果敢……周恩来在艰难、凄凉的日子里，在憎恨旧的世俗中，在看清种种似人非人的脸谱后，磨砺了自己。

4 | "为了中华之崛起"而读书

1910年春天,12岁的周恩来随三堂伯周贻谦离开了家乡,满怀憧憬来到东北。周恩来离家到东北求学,是他生活和思想转变的关键。他刚到东北时,在奉天府(今辽宁沈阳)一时还没有合适的学校可读,就先在辽宁铁岭银岗书院(初级小学)读了半年。

周恩来从小向往外面的世界,常与伯父周贻赓通信。伯父周贻赓颇有才学,见多识广,待人也热心。周恩来经常主动写信请教,商量家中难以处理的事。周贻赓自己没有子女,夫人居住在天津,他独自在奉天府供职,这一年又在奉天度支司(相当于财政局)升任了科员,生活安定,想起长侄恩来自小聪颖过人,不可荒废,便想把他接来上学。伯父思想进步,有爱国情怀并赞成变革。为了让周恩来接受更好的教育,学得"新知识",1910年秋季,伯父又将他从铁岭接回自己家里,并送入新建的奉天第六两等小学堂(辛亥革命后改名为东关模范学校)丁班读书。这所学校是在清末"废科举,兴学校"的潮流中刚刚开办的比较新式的学校,既教国文经书,也介绍一些西方的新学,开设了修身、国文、算术、历史、地理、格致、英文、图画、唱歌、体操等十门课程。老师经常向学生讲述时局危急和民族英雄的故事,周恩来因此充满爱国热情，还养成了读报的习惯。伯父支持他订阅当时新出版的《盛京时报》，让他关心社会，关心时事政治。

1905年8月，孙中山领导的中国同盟会提出"驱除鞑虏，恢复中华，创立民国，平均地权"的纲领。1911年10月10日，武昌起义爆发，各省响应，两个月内鄂、湘、陕、赣、晋、滇、黔、苏、浙、桂、皖、粤、闽、川等省宣布独立，清王朝迅速解体。消息很快传来，周恩来得知后非常振奋，在革命浪潮的鼓舞下，他在学校毅然带头剪去了自己的长辫子，脱下了长袍马褂，提倡学西方，留短发，穿短服。他撰写文章，积极宣传反封建的新思想、新文化，发表禁烟救国的演说："……烟枪烟炮不离口，自己对自己开火，如此，国焉能富，民焉能强……"

周恩来喜欢与老师及比自己年长的同学相处，并畅谈国事，敢在老师面前直抒己见。有一次，与教修身课的小学校长魏校长谈论办学的事，周恩来就抢了校长的话。他像涉世较深的教员一样，对校长说："中国图强，就得想救国的办法，就得把教育办好。"

学校有一位教历史和地理的老师叫高亦吾，山东人，富有正义感，学识渊博。他常常在课堂上慷慨激昂地发表演说，宣传爱国思想。一次，他生动形象地讲述了广州黄花岗七十二烈士英勇牺牲的悲壮故事，同学们都听得热血沸腾，周恩来更是泪流满面，他干脆站了起来，边流泪边发表自己的感慨……高老师特别喜欢他，周恩来也非常尊敬高老师，乐于与高老师交往，师生二人畅谈个人理想、民族前途，彼此非常投缘。高老师还找来《革命军》《警世钟》《猛回头》《驳康有为论革命书》《扬州十日记》等革命书籍给周恩来阅读。周恩来从中了解了许多关于民族危机的情况和革命道理，他朴素的爱国救民情怀得以升华。

周恩来读书学习刻苦用心，记忆力惊人。往往看一遍、听一遍，他第二天就可以完整复述。在淮安，他听了嗣母陈氏讲的《西游记》里的故事，第二天就能在村头大树下跟小朋友们娓娓道来。在校园，老师、同学都成了他讲革命故事的听众。他的写作能力很强，作文常常被老师批上"传观"字样，贴在学校的"成绩展览处"，让同学们阅读。国文老师赵纯，常为周恩来的作文情不自禁地拍案叫好，并常对同宿舍的张镜玄老师说："我教了几十年的书，从没见过这样好的学生！"

周恩来多门功课都学得很好，国文成绩更是突出。

1912年10月，为纪念奉天东关模范学校建校两周年，周恩来写了一篇名为《东关模范学校第二周年纪念日感言》的作文。一个14岁的孩子，对中国教育的目的、对校长和老师的恳求、对学生读书的方法和抱负，大发感言。文章简洁、明快、鞭辟入里，尽显大家之气，让人有耳目一新的感觉：

> 吾校司教育之诸公乎。诸公为国家造人才，当殚其聪明，尽其才力。求整顿宜重实际，务外观先察内容。勿自骧行检，以失人则效；勿铺张粉饰，以博我名誉；更勿投身政界党会，谋利营私，以纷扰其心志，而日事敷衍。校长为学生择良教材，教习为学生谋深造就。守师严道尊之旨，除嚣张浮躁之习。注重道德教育，而辅之以实利美感，更振之以军国民之精神。教育美满，校风纯正，则此纪念日乃可因之而永久。由第二周年，以至第三周年，而达于无穷期之周年者，实赖我司教育诸公之热心维持而已矣。
>
> 吾全校之诸同学乎。吾人何人，非即负将来国家责任之国民耶？此地何地，非即造就吾完全国民之学校耶？圣贤书籍，各种科学，何为为吾深究而悉讨？师之口讲指画，友之朝观夕摩，何为为吾相切而相劘？非即欲吾受完全教育、成伟大人物、克负乎国家将来艰巨之责任耶？以将来如许之重负，基础于小学校三四年中，同学，同学，宜如何奋勉，始对之而不愧哉？

这篇文章足以突显少年周恩来的远大志向、高尚人格和过人才华，学校评价：立意新颖，言简意赅，论说精辟，语重心长，并以新思想贯穿其间。国文老师赵纯阅卷批语道："教不如此不足以言教，学不如此不足以言学，学校不如此不足以言学校，文章不如此不足以言文章。""心长语重，机畅神流。"

第二年，奉天举办的教育成绩展览会把这篇文章作为甲等文展出。这篇文章收录在《奉天教育品展览会国文成绩》一书中，后又被上海进步书局出版的《学校国文成绩》和上海大东书局出版的《中学生国文成绩精华》等书收录。

从此，"周恩来"这个名字开始在全国中学校园传播开来……

有一次，魏校长在课堂上向学生们提出了"诸生为什么而读书"的问题。先后有学生回答："为了光耀门楣而读书""为明礼而读书""为家父而读书"……

周恩来却回答："为了中华之崛起。"因南方口音，校长一时没听清楚这句话，要周恩来重复一遍，周恩来于是大声而庄重地重复一遍：

"为了中华之崛起！"

魏校长未想到，自己的门下竟有如此出众的少年英才，非常震惊和兴奋。他迟疑片刻，招手示意周恩来坐下，激动地说："有志者，当效周生啊！"

周恩来从小就立下救国救民的远大抱负，"为了中华之崛起"而读书，是周恩来爱国思想最初也是最深切的表达。

5 | 誓做中华之主人

周恩来性情温和,文弱瘦小,加上说话带有浓重的淮安口音,学校里一些当地的调皮学生开始有点儿欺负他,骂他是"小蛮子"。半个学期过去了,同学们发现周恩来不但学习成绩好,而且在学习、生活上爱帮助同学。周恩来常常主动帮助一名腿有残疾的同班同学,每当他上台阶、提水时,周恩来都会去帮忙。他还注意团结贫困学生同在学校称霸的豪门贵族的学生作斗争。因此,周恩来很快在班上获得了大多数同学的好感,结交了不少朋友。

1911年暑假期间,周恩来被家在奉天南郊沙河南岸的魏家楼子的同班同学何履祯请到家中过暑假,他暑假就住在何履祯家。何履祯父亲早逝,同祖父何殿甲一块儿生活。何殿甲当时正在魏家楼子小学教书,他对勤奋好学、才华出众的周恩来十分赏识。

这天,何殿甲老人指着魏家楼子山头的纪念碑和对面烟龙山顶的纪念塔,向何履祯和周恩来讲述1904年至1905年在这里发生了一场日俄战争。接着又领着他们来到这使中国人蒙受耻辱的纪念碑、纪念塔下,实地参观了日、俄两国军队曾激烈争夺的烟龙山,以及战争留下的残垣断壁。炮垒、弹坑依稀可辨。老人含泪说,当时日、俄都想吞并东北三省,互不相让,给当地人民带来了无穷的灾难。在这场战争中,仅他们何家就死了4人,还有4人受了重伤。老人的父亲、何履祯的曾祖父被乱军无辜活埋。战败的俄国竟血洗了整个魏家楼子村。

何殿甲老人一生经历了国破家亡,脚下这片土地甚至活埋了自己的父亲……老人十分悲愤,但因自己年老了,所以把拳拳爱国之情寄托在年轻一代身上,对他们有说不完的话。参观完后,他奋笔书写了一首《登东山歌》:

登彼龙山兮山巅,望彼河水兮潺潺。
忆甲辰年兮神往,想日俄战兮心酸。
吾已生于斯兮长于斯,恨不能翱翔兮五湖烟。
今吾老兮有何志愿?图自强兮在尔少年!

写毕,他特将此诗赠送给周恩来。

周恩来手捧何殿甲老人的诗,情不自禁地唱起了当时在进步人士中流行的歌曲《何日醒》……

这天晚上,周恩来住在何殿甲老人的书房,一夜睡不着。看着墙上挂着的杜甫的《春望》一诗,"国破""草木深"等意象让他想起白天在纪念碑和纪念塔下感受到的耻辱,压得他喘不过气来……他从床上一跃而起,模拟《春望》写下了《村望》:

国破山河在,村残草木深。
感时勿落泪,誓叫寇惊心。
烽火连岁月,捷书抵万金。
白头休志短,患除贺更新。

第二天清早，周恩来将诗稿回赠给何殿甲老人。何殿甲抬头看了看《春望》又低头看了看《村望》，然后打量起眼前这位文弱瘦小的书生，原来小小年纪的周恩来颇有骨气，还有才华，有理想，有抱负！从此，他们成了忘年之交。

后来，周恩来多次去何履祯家中做客。一次，听何殿甲老人悲伤地诵读陆游的《示儿》一诗，他又默默地按照原韵作诗一首赠予老人：

战火洗劫万室空，吾侪争见九州同。
华师尽扫列强日，捷书飞传告鳌翁。

又有一次，这对年龄相差五十多岁的诗友谈兴正酣时，何殿甲老人出了一个上联：

勿当列强之奴仆。

周恩来对出下联：

誓做中华之主人。

"对得好，对得好呀！"何殿甲连连称道，老人从周恩来身上看到了中国年轻一代的前途和国家的希望，也唯其如此老人才放心、踏实。后来，他常对人捋胡捧须，坦率地说道："周恩来是我见到的最好的学生，前途无量。"

6 | 话剧"女演员"

从1910年春到1913年2月,周恩来在东北生活了近3年。这3年,周恩来不仅在学业和思想上有很大进步,而且还有一个重要的收获:东北的高粱米加上他坚持早晚做体操、周末郊游爬山,使他瘦弱的体格日渐强健起来。

1913年8月,周恩来考入南开学校,被编入一年级己三班(后改为丁二班),开始了他的中学学习生活。他在中学爱好广泛,全面发展。

学校文艺活动形式多样,周恩来对此饶有兴趣,尤其是话剧表演,他更是活跃分子。

南开学校新剧始于1909年,校长张伯苓亲自写了南开学校第一幕新剧《用非所学》,供学生排演并亲自担任角色。1914年11月,南开新剧团成立,设编纂、演作、布景、审定4个部。周恩来此时正是高中二年级学生,他不仅担任剧团布景部副部长,还登台扮演了许多话剧角色,如《一元钱》中的孙慧娟、《仇大娘》中的范慧娘、《恩怨缘》中的烧香妇、《千金全德》中的高桂英、《华娥传》中的华娥等。

周恩来做话剧演员,善扮女角,这得益于他的数学老师马千里。马千里与学生亲如手足,没有师生之间的隔阂。周恩来经常与他同台演出新剧,在《一元钱》中,马千里饰演赵郑氏,周恩来饰演女主角;在《华娥传》中,华娥这个女主角过去由马千里饰演,后来他指导周恩来饰演。演女角,适合周恩来当时的身材、长相,尤其符合他温文尔雅的个性,也培养了周恩来能屈能伸、办事周到细心的品性。周恩来主演的《华娥传》后来在天津公演数场,剧团将全部收入捐助给了保育会。

周恩来演新剧、传新风,还在南开学校校刊《校风》中多次就新剧发表感言。他在《吾校新剧观》等文中认为,新剧是对国民进行通俗教育、重整河山、复兴祖国的重要工具。

南开学校的话剧不仅为本校师生追捧,而且受到京津许多观众的瞩目,声誉甚至超过了专业剧团。许多学校和专业剧团争相上演南开学校的话剧,在社会上引起很大反响。

听说北京广德楼戏园正上演南开学校新剧团演出的话剧,周恩来立即与李福景等20多人组成"津门学界观剧团",于1915年10月18日乘火车前往北京。到达当晚,他们就赶去戏园观看了《因祸得福》(即《仇大娘》),回宿舍后又讨论到第二天凌晨两点。第二天下午,他们又观看了《恩怨缘》。通过观摩、讨论,他们不仅了解了北京的话剧演出情况,而且在互相学习、取长补短上收获不少。

后来,周恩来参与主演的话剧《一元钱》被选调进北京演出。该剧表现的是一对青年男女不为贫富巨变所动,追求自主婚姻的动人故事,在南开学校演出后受到广泛好评。《一元钱》在北京调演时,著名京剧大师梅兰芳闻讯观看了演出,充分肯定了学生们的表演,并与他们进行了座谈。

梅兰芳正是以男饰女角而闻名的京剧表演艺术大师,周恩来从此与梅兰芳结下了不解之缘。

7 | 南开学子

周恩来在南开学校学习和生活了4年。

南开学校是一所仿照欧美近代教育制度，于1904年建立的私立学校，由爱国教育者严修（字范孙）和张伯苓（原名张寿春）创办。严修原是清朝翰林、学部侍郎，是一位开明的爱国人士，主张教育救国。校长张伯苓，是近代中国著名的爱国教育家。学校提倡"允公允能"，注重培养学生"爱国爱群之公德，服务社会之能力"，实行德、智、美全面发展的教育方针。

周恩来学习和生活的费用依靠伯父供给，伯母在家做些钩针活贴补家用。但南开学校学杂费昂贵，他的学费、生活费时有不济。学校不时有学生因家庭经济困难而中途退学，周恩来没被困难压倒，他在课余和假期经常为学校做些刻蜡纸、油印或抄写讲义的工作，贴补生活费。由于品学兼优，他从第二学年起开始免缴学费，全由学校奖学金资助上学。

周恩来喜爱文学、历史等，在南开学校学术氛围比较自由的有利条件下，读了许多课外书，特别是文学、历史和政治方面的读物。他阅读了《史记》《资治通鉴》《汉书》《三国志》，还读了清初进步思想家顾炎武、王夫之和西方启蒙思想家卢梭的著作。读报室是他几乎每日要去的地方。

南开学校的东楼甬道有一面大立镜，镜上端有创办人严修先生书写的40字"容止格言"：

面必净，发必理，衣必整，钮必结；头容正，肩容平，胸容宽，背容直。

气象：勿傲，勿暴，勿怠。

颜色：宜和，宜静，宜庄。

周恩来出入大门，每逢经过此处，必定会站在镜前检点端正自己的仪容，这成了他的习惯。

周恩来乐于参加各种课外活动，锻炼了组织能力。他先后担任"敬业乐群会"副会长、会长，会刊《敬业》主编，《校风》总经理，演说会副会长，江浙同学会会长，新剧团布景部副部长，暑假乐群会总干事等职。通过这些职务活动，周恩来的能力得到全面发展。

学校经常在各班开展班风评比活动，周恩来所在的班级总是名列前茅。1916年末，校长亲自报告班风评比结果，周恩来所在的班级成绩位列全校第一！周恩来所住的寝室在评比中获得"整齐洁净"的嘉奖。

天津各中等学校每年举行一次演说比赛，1914年和1915年周恩来都被选为南开学校的三名代表之一，而南开学校在这两年连获第一名。1916年10月7日由周恩来领队参加天津中山公园爱国演说大会，他的《中国现时之危机》获得阵阵热烈掌声，演说全文还被校刊刊载。

体育锻炼方面，周恩来保持了读小学时早晚散步、跑步、爬山、做操等良好习惯。在班级运动会上，他获得跳高第三名。他是班上优秀的篮球队和排球队队员。他还喜欢打网球、乒乓球。他所在的丁二班曾获全校越野跑比赛第二名、足球比赛第一名、全校运动会团体总分第二名。周恩来是南开学校的体育健儿。

不仅如此,周恩来的学业成绩也毫不逊色:

1914年12月,国文传观,他名列前五。

1915年3月,全校数学赛速,丁二班获第一名,他得"数学优胜"奖;全校作文比赛,丁二班获第一名,他得"含英咀华"奖;国文传观,他名列前五。

1916年3月,班级化学考试,他名列"最优者";班级代数考试,他得了满分。

1916年4月8日,全校数学赛速,他名列"最优者"。

1916年5月,全校国文考试,他获全校第一名;默国文考试,他名列"最优者"。

1917年4—6月,毕业考试,他获毕业国文最佳奖。

周恩来品学兼优、才华出众,深得同学拥戴、老师喜欢。他同国文、数学、化学老师的关系更是融洽。校长张伯苓得知周恩来家境贫寒,总是留他吃饭,有时贴饼子,有时煮稀饭,有时熬小鱼……

张伯苓还常对家人说:"周恩来是南开最好的学生!"

8 | 日本留学

在中学最后一个学年的寒假,周恩来到河北开平的一位好友家中做客,看到了英国资本家奴役下的开滦煤矿工人的悲惨生活。这使他更加迫切地想要寻求救国的道路。

周恩来去日本留学的愿望强烈,主要想了解国外的新思想,学习后回国报效。但他家境贫寒,负担中学读书都困难,何论留学?只能自己想办法。6月毕业后,他于7、8月奔走于沈阳、北京、天津等地,向老师和同学筹措,得到老师和同学们的帮助,尤其是得到南开学校创办人严修、校长张伯苓的赞助,终于凑齐了最低限度的留学费用。

想到即将出国远行,周恩来心情激动,手里掂量着老师和同学们凑的费用,一张张对他充满期待的脸浮现在眼前……他心情难以平静,欣然写下一首诗:

大江歌罢掉头东,邃密群科济世穷。
面壁十年图破壁,难酬蹈海亦英雄。

一名19岁的中学毕业生济世救国的心情和远大志向,由此可见一斑。

出国前，周恩来北上沈阳告别伯父，又向沈阳母校师生辞行。9月，他登轮东渡，跨越滔滔东海……凭窗映入眼帘的是滚滚波浪，他翻开了特意带的一本《新青年》杂志……

到了日本东京，他和另外两个来自中国的留学生一起租了一间日本居民的小房子住下。10月，他进入东京神田区东亚高等预备学校，学习日文，预习大学功课，还到东京早稻田大学旁听。此外，他还开始了对日本社会现状的考察。虽然日本是个军国主义国家，但日本老百姓遭受资本主义和封建主义的双重压迫，仍然过着贫困的生活。日本军国主义分子大肆侮辱中国并叫嚣要侵略中国，周恩来对此感到异常愤怒和痛苦。他认识到军国主义就是扩张主义，侵略扩张是人类的祸患。该怎么救国，路在何方？

十月革命一声炮响，列宁领导的俄国革命爆发了。消息很快传到日本，社会主义新思潮在日本开始流传。接触马列主义后，周恩来对《新青年》上的文章有了新的认识。他找朋友严智开借了《新青年》第三卷，反复阅读，终于，在思想上有了"大领悟"。他在日记里兴奋地写道："我这时候的喜欢好像比平常人信宗教还高兴十倍。宗教家常说人要信宗教就是'更生''重生'。我觉得我这回大领悟，将从前的全弃去了，另辟'新思想'，求'新学问'，做'新事情'，实在是同'重生''更生'一样子了。""我但期望我的'思''学''行'三者能顺着进化的轨道、自然的妙理去向前走。"

他还用两句诗记录了这次的思想变化：

风雪残留犹未尽，一轮红日已东升！

周恩来来到京都，看到京都帝国大学（1947年更名为京都大学）教授河上肇主编的宣传马克思主义的刊物《社会问题研究》，心底那片天空更加明朗了。他开始对马克思主义有了浓厚兴趣，对报刊上报道的那些"过激党"（指以列宁为首的布尔什维克党）、"赤军"（指列宁缔造和领导的红军）等新名词有了别样的崇敬。为了搞好课内课外学习，周恩来决心每天花13个小时学习，并要求自己："想，要想比现在还新的思想；做，要做现在最新的事情；学，要学离现在最近的学问。"

他参加了旅日中国留学生的爱国组织"新中学会"和"天津南开学校留日校友会"，刻蜡纸，印传单，向旅日华侨宣传，反对日本军阀侵略中国，反对北洋军阀政府出卖祖国。

1918年5月，北洋军阀政府和日本政府在北京秘密签订了卖国的《中日共同防敌军事协定》，把革命的苏俄当成敌人，遭到旅日中国留学生的强烈反对。

同年5月6日，为了反抗日本政府迫使中国政府出兵西伯利亚攻打苏俄革命军，中国留学生在日本神田区的中国餐馆集会。周恩来为大会起草了抗议书，抗议日本政府侵略、侮辱中国，抗议北洋军阀政府的卖国行径，大张旗鼓地向旅日华侨宣传。

日本政府派警察包围了学生集会会场，逮捕了学生领袖。周恩来幸未被捕。这时，他的愿望从急于出国寻找救国道路，转变为尽快回到祖国去，投身于一天天高涨的国内革命斗争。

1919年4月，中国五四运动前夕，周恩来登上海轮，回到离开了一年半的祖国。

9 | 五四运动的闯将

第一次世界大战中,中国曾对德宣战,是战胜国之一。但在1919年的巴黎和会上,列强不但没有把德国过去从中国山东攫取的权益归还中国,反而转交给了日本,并逼迫中国代表在和约上签字。

消息传来,立即遭到中国人民的强烈反对。1919年5月4日,北京的学生集会游行,高喊"还我青岛""取消二十一条""外争主权,内除国贼"等口号,并火烧签订卖国密约"二十一条"的交通总长曹汝霖的住宅,痛打驻日公使章宗祥,要求严惩曹、章、陆(即陆宗舆,驻日公使,币制局总裁和中日合办的中华汇业银行总裁,多次做北洋政府向日本借款的经手人)。北洋政府不但不支持学生的正义之举,还派出大批军警,逮捕学生30多人。

一石激起千重浪。全国上下群情激愤,许多大中城市相继开展罢课、罢市、罢工活动,五四运动席卷全国。

周恩来回国本想同伯父和弟弟等亲人多聚聚。久别重逢,亲情难舍,但母校南开学校在呼唤他。周恩来4月底回到母校,往日美好的校园生活气息扑面而来,回到母校像回来同家人相聚一般,令他热泪盈眶。

天津紧邻北京,五四运动立刻震动了天津。许多学生不顾保安队的阻挠、威胁，冲进南开学校大操场集会，然后上街游行讲演，散发传单。学生们成立了天津学生联合会①、天津女界爱国同志会等组织。邓颖超（当时叫邓文淑）担任天津女界爱国同志会的讲演队队长。

周恩来刚从日本留学回到天津，还没有入学，只有一个校友的身份，但对这样一场热烈的爱国学生运动，他难以置身事外。

周恩来天天去南开学校参加集会活动，积压许久的爱国激情像火山一样爆发。他同学生运动领袖、回族学友马骏，以及马千里老师等一道，汇入学潮中。

获悉南开学校要请曹汝霖任校董，周恩来十分震惊，立即去找校长张伯苓。张伯苓同周恩来坦陈苦衷，南开学校办大学部，急需大笔资金，一时无法筹措，如请曹汝霖任校董，可获大笔捐助，校方实在无奈。

证实此事后，周恩来回到住所，连夜起草了给留日南开同学的信，要他们联络海外的校友向张伯苓施加压力。

信上写道："……倘要接近卖国贼，从着他抢政府里的钱，人民的钱，实在是羞耻极了，那能谈到为社会的事。……并且校长近来人心大变，总是拿中国式的政治手腕办教育。'新'的一线生机仅仅在于学生。校长方面是天天讲 Democracy（即"民主"的意思），可是样样事武断，闹的人心都离体了。"②

留日南开同学收到这封信后，为母校发展忧虑，对校长失去理性感到愤慨。他们将信节录，抄寄给留美南开同学会。

周恩来以大义为重，联合校内外学生一致反对，迫使张伯苓不得不改变态度，使曹汝霖未能成为校董。周恩来回国后参与的第一次政治斗争获得胜利。

---

① 全称为天津中等以上学校学生联合会。
② 怀恩.周总理青少年时代诗文书信集（上卷）[M].成都：四川人民出版社，1979。

五四运动历时 50 余天，曹汝霖、章宗祥、陆宗舆被免职，巴黎和会上中国代表最终没有在和约上签字，运动的直接目的已达到。

为把学生运动引向深入，1919 年 6 月下旬，天津学生联合会决定立即创办《天津学生联合会报》。周恩来以校友身份担任了主编，并搬进南开学校，与学校运动骨干一起居住。7 月 12 日，《南开日刊》上发表了周恩来起草的《〈天津学生联合会报〉发刊旨趣》。文章为天津各大报纸转载，在社会上引起强烈反响。7 月 21 日，《天津学生联合会报》正式创刊，创刊号上发表了周恩来撰写的题为《革心！革新！》的发刊词。《天津学生联合会报》深受天津学生和各界人士的欢迎，还远销北京、上海、南京、保定等地。

8 月初，济南政府杀害了回教救国后援会负责人马云亭等人。惨案发生后，北洋政府还逮捕了 25 名到北京总统府请愿的北京、天津学生。

"这正是掀起继续加强爱国运动的时机，用不着惊慌紧张，依照计划进行就是了。被捕，只要经得起考验，不算什么！但营救他们是我们的责任。"周恩来的一番话让大家振奋。《天津学生联合会报》立即印发号外，向社会呼吁营救被捕代表。

8 月 25 日，天津学生联合会副会长马骏带领天津几百名请愿者进京。

8 月 26 日，北京、天津学生三四千人，排着整齐的队伍向总统府进发。

8 月 28 日，北洋政府军警毒打学生，并在天安门前逮捕请愿队伍的指挥者马骏。

消息传到天津，周恩来、张若名（天津女界爱国同志会成员）等率天津学生代表五六百人再掀巨澜，奔赴北京营救，连日在总统府外露宿请愿，并动员几千名学生包围警察厅。全国各地也纷纷声援。

在广大群众汹涌澎湃的爱国运动的压力下，北洋政府不得不在 8 月 30 日释放两次逮捕的学生代表。

10 创立觉悟社

包围警察厅成功，请愿成功！1919年9月2日下午，天津进京代表在返津列车上一路高歌……

在一列车厢内，周恩来、张若名、谌小岑、郭隆真、郑岩等正在热烈地探讨救国救民之道，主张五四运动要冲破的，就是中国几千年以来形成的封建束缚，实现男女平等……爱国不分男女，天津（男子）学生联合会与天津女界爱国同志会要大联合……大家越说越兴奋。

周恩来提出两点建议：第一，除了把两个组织合并以外，还要把这两个组织中的骨干分子结合在一起，另组一个强有力的核心小组，来推动各项斗争和工作；第二，由两会各推若干人办一个刊物，来指导运动的方向，并向广大爱国同胞宣传我们的主张。

建议得到大家的赞同。他们回天津后，经反复酝酿，将成立一个男女平等的严密团体的计划提上日程。

1919年9月16日午后，阳光灿烂，在天津草厂庵天津学生联合会的一间办公室里，10名男生和10名女生围坐在会议桌旁，窗外挤进来的阳光把每个人的脸都照得通亮。周恩来、马骏、郭隆真、刘清扬、张若名、邓文淑、李毅韬、谌志笃、谌小岑、潘世纶等，正在举行重要会议……

会议由周恩来主持,他让男女学生相互介绍认识。10位女性代表中,其中有25岁的刘清扬,后来与张申府结婚,他们在1921年时成为周恩来的入党介绍人;还有15岁的邓文淑(后来改名为邓颖超),她之前给《天津学生联合会报》的主编周恩来写过信,表示自己是他的忠实读者。因当时署名是"小超",所以"小超"后来也成为周恩来对她一生的爱称。

听完了大家的自我介绍,周恩来首先发言,他声音洪亮:"我们今天到会的人,都是受了20世纪新思潮的启发,觉悟到中国社会要从根本上解决,也就是要把那不合现代进化的军国主义、资产阶级、党阀、官僚、男女不平等界限、顽固思想、旧道德、旧伦常等,全部加以铲除、改革。为了达到这个目的,我们要结成团体,出版刊物,以求改造学生的思想,进而唤起劳动民众的觉悟,来共求社会的改造……"

周恩来还提出出版小册子的方案供大家讨论。最后会议决定将小册子定名为《觉悟》,决定成立独立的社会团体——觉悟社。于是,与毛泽东等人在湖南成立的"新民学会"齐名的"觉悟社"宣告成立!

觉悟社一成立,第一个活动是,9月21日请来北京大学的教授、《庶民的胜利》《我的马克思主义观》的作者、五四运动精神领袖李大钊来天津讲演。之后,他们又请罗家伦、刘半农、周作人等当时在思想文化界赫赫有名的人物来觉悟社讲课。

9月25日,南开学校大学部(后改为南开大学)开学,周恩来成为南开大学的第一期学生。开学后,学生从四面八方回到学校,学生运动又迅速高涨起来。10月10日,天津各校学生和各界群众四五万人齐聚南开大操场举行共和纪念会。会后游行遭警察阻拦和殴打,男女学生多人被打伤。邓颖超被殴打致吐血,周恩来等4人作为游行队伍代表进警察厅提出质问。天津学生联合会和天津女界爱国同志会宣布罢课4天(后改为6天),周恩来起草《天津中等以上男女学校学生短期停课宣言》。11月16日，日本军国主义者又制造了枪杀中国居民的福州惨案。周恩来担任由男女学生合组的天津中等以上学校学生联合会（新学联）的执行科长，到天津总商会讨论抵制日货的具体措施。12月20日，天津各界在南开操场召开10多万人参加的国民大会，当场焚烧在街市检查所得的10多辆卡车的日货。广场上火光冲天，堆积如山的日货顿时付之一炬。一周后，数万名各界群众在南开操场上举行第二次国民大会。会后游行，并高呼"救亡！爱国！牺牲！猛进！"等口号。

《觉悟》创刊，周恩来因抽到五号社员号，便使用"伍豪"这一代号在杂志上发文。遗憾的是，《觉悟》只出刊了第一期，第二期当时已收稿40多篇，却未能编成付印。觉悟社连同天津学生联合会、天津各界联合会等进步组织被当局视为违法组织，被解散。为了反抗，各校学生五六千人集合，以周恩来为总指挥，推出4名代表奔赴直隶省公署请愿。请愿代表被逮捕，军警冲入手无寸铁的学生队伍，用枪托刺刀横击直刺，致使50余人受重伤。这就是天津"一·二九"流血惨案。周恩来也被捕入狱。

这是周恩来第一次被逮捕。这次逮捕，让周恩来约有半年时间失去自由。这半年也让他重新思考了一些问题。虽然觉悟社和《觉悟》杂志都被取缔了，但周恩来真正觉悟了起来。

正如他后来所说，"思想是颤动于狱中"，一种革命意识的萌芽，"是从这个时候开始的"。

当时，准备前往法国勤工俭学的李愚如临行前到监狱看望周恩来，激发了周恩来要去欧洲的想法。他想去实地考察一下西方资本主义国家，进一步了解欧洲各种改造社会的学说主张，希望经过充分的比较，来确定自己要走的道路，并把它应用到中国来，寻求拯救中国的具体途径。

"觉悟"的阵痛，让周恩来开始走向职业革命家之路！

11 | 旅欧生涯

1920年11月7日,法国邮船"波尔多斯"号在上海起航回国。就在这艘巨轮上,出狱后的周恩来加入了赴法勤工俭学的学生队伍,踏上了旅欧的万里航程。

五四运动给中国人民带来了极大的思想解放,各种名目的主义和思潮纷纷流行,各领风骚。素以救国救民为己任的中国知识分子,充满了对自由与解放的向往,他们对各种思想及自由解放运动进行优劣比较,探索真正适合中华民族的解放道路。周恩来的思想在五四运动中受到了一次洗礼,他原来只是一个拥有满腔报国激情的革命民主主义者,现已被马克思主义吸引。

就是在这种背景下,国内兴起了赴法勤工俭学的热潮——要到欧洲去,那里是马克思主义的诞生地;到欧洲去"淬火",去做"盗火者",去寻找革命火种带回祖国,照亮沉沉黑夜。

周恩来被捕入狱引起了许多人对他的关注,尤其是严修先生。在他的资助下,周恩来也得以成行,终于踏上去欧洲寻求"火种"之路。

周恩来在海上航行一个多月后到达巴黎。在巴黎,他病倒了,休息了半个多月,也无心观光,病情稍好转后就急着去了英国考学。

英国伦敦图书馆是马克思孕育《资本论》的地方,是当时资本主义世界的缩影。周恩来走进了这所"大学校",通过大量阅读和研究马克思著作,他发现英国社会改良的道路在中国行不通,俄国十月革命的道路才是中国革命唯一的正确道路;他认识到无论是无政府主义、工团主义,还是基尔特主义都"不免等于梦呓",只有科学社会主义才是历史发展的必然趋势。周恩来就是在这样的艰苦探索中,更加坚定了他的共产主义信仰。这是他一生中难忘的时光,他既感到无比幸福,又感到肩上的担子无比沉重。

在英国留学的中国学生很少,而且英国生活费用高,不久后周恩来又回到法国。

1921年春,周恩来经张申府、刘清扬介绍加入了巴黎共产主义小组。他给天津觉悟社的好友写信说:"我们当信共产主义原理和阶级革命与无产阶级专政两大原则,而实行的手段则当因时制宜!"

1921年7月,中国共产党第一次全国代表大会在上海(后移至嘉兴)召开,巴黎共产主义小组作为中国共产党8个发起组之一,接到国内开会的通知,但因路途遥远,未能派代表出席。

1921年9月,周恩来与赵世炎、蔡和森等发动和领导了中国留法勤工俭学学生占领里昂中法大学的斗争。

1922年3月,周恩来和张申府、刘清扬夫妇一起,从法国迁到德国柏林。到柏林不久,国内传来了觉悟社社友黄爱被湖南军阀赵恒惕残酷杀害的消息。周恩来满腔悲愤,当即写下了《生别死离》一诗:

"壮烈的死,
苟且的生。
贪生怕死,
何如重死轻生!"
"没有耕耘,

哪来收获?
没播革命的种子,
却盼共产花开!
梦想赤色的旗儿飞扬,
却不用血来染他,
天下哪有这类便宜事?"
…………

周恩来将这首诗寄给国内觉悟社社员李锡锦、郑季清,并在信中写道:"正品(即黄爱)的事,真是壮烈而又悲惨。这不仅在中国为创见,便在世界劳动运动中也是仅见。我们对于友谊的感念上,不免要有点悲伤;但对他的纪念,却只有一个努力!我对他唯一的纪念,便是上边表示我的心志的那首诗,和最近对于C.P.坚定的倾向。""我认的主义一定是不变了,并且很坚决地要为他宣传奔走。"

1922年6月,旅欧中国少年共产党第一次代表大会在巴黎西郊的布伦森林秘密举行。会上,周恩来做了组织章程草案的报告,他当选中央执行委员会委员,负责宣传工作。会议还决定出版机关刊物《少年》。

1922年10月,旅欧中国少年共产党决定加入5月在广州成立的中国社会主义青年团,后改名为"旅欧中国共产主义青年团"。

1922年10月的一个夜晚,周恩来在柏林住所接待了两位从上海远渡重洋,又从法国转道德国,寻找共产党组织的不速之客。一位是早在护国战争时期就在蔡锷将军麾下担任旅长,后又任云南陆军宪兵司令部司令官、云南省警务处处长兼省会警察厅厅长等职的朱德,另一位同行者是他的好友孙炳文。

1922年11月,周恩来和张申府在柏林介绍朱德、孙炳文加入中国共产党。孙炳文后被国民党残酷杀害,周恩来收养了他的女儿孙维世。

朱德当时30多岁，身材魁梧、满脸风霜，看上去比实际年龄成熟得多。"朱周会"开启了他俩半个多世纪的革命友谊。

1923年2月，周恩来担任旅欧中国共产主义青年团执行委员会书记。这年夏天，他来到法国，专门从事党、团工作。此外，他还筹备建立共产主义研究会。1924年2月，以"传播共产主义学理"为主要任务的理论刊物《少年》改名为《赤光》。周恩来在《少年》《赤光》上发表了大量革命文章。他在《赤光》上发表的文章涉及中国革命的当前任务和远景等，比起他在《少年》上发表的文章又向前跨了一步。

1923年6月12日至20日，中共三大召开，会议决定共产党员可以个人身份加入国民党，以建立各民主阶级统一战线。旅欧中国共产主义青年团团员也可以个人名义加入国民党，周恩来加入国民党后，曾经主持国民党旅欧支部工作。

1923年7月15日，旅法华人反对国际共管中国铁路大会召开，会上周恩来散发《旅法各团体敬告国人书》，号召人民联合起来，团结斗争，反对帝国主义列强企图"共管"中国铁路。当晚，旅法华人各团体代表集会，决定正式成立中国旅法各团体联合会，周恩来被选为书记股中文书记。

在旅欧初期，周恩来与国内的觉悟社成员一直保持通信联系。他与邓颖超鸿雁往来不断，两人谈主义、谈现实、谈理想，也谈未来和感情。共同的革命理想和在五四运动中结成患难与共的战友之情，也使两人的心越靠越近。作为一位职业革命者，周恩来需要的是"能一辈子从事革命"，能经受"革命的艰难险阻和惊涛骇浪"考验的终身伴侣，邓颖超正是他心目中的革命伴侣。

1924年7月下旬，26岁的周恩来踏上归国的征途，他已从一个追求革命真理的青年学生成长为一位对马克思主义有相当研究的共产党人，成长为一位走向成熟的职业革命家。

12 | 黄埔军校政治部主任

20世纪20年代，广东是中国革命的中心。第一次国共合作时期，为给两党培养军事人才，1924年孙中山在广州东郊黄埔岛上筹建陆军军官学校——黄埔军校。孙中山亲自担任黄埔军校的总理，蒋介石担任校长，廖仲恺为党代表。

1923年底，张申府离开欧洲回国，经李大钊介绍到广州参加黄埔军校的筹建工作。有一天，廖仲恺请张申府来家中长谈，请他推荐一些在国外留学的人才回国参加黄埔军校建校工作。张申府拟了一个15人的名单，第一个便是周恩来。张申府认为周恩来在欧洲做的国共合作工作十分出色，而且具有雄才大略。张申府对廖仲恺说，周恩来在国外生活经济境况不太好，回国肯定缺路费。廖仲恺立刻答应汇钱过去。

1924年9月，周恩来回到广州，开始在黄埔军校担任政治教官，给第一期学生讲授政治经济学，同年11月，担任政治部主任。周恩来为人热情，谈吐优雅，极具风度、学养；思维缜密，处理问题敏捷，对原则性和灵活性掌握适度，在政治工作上有其独到的一面。他走马上任，立即显示出引人注目的才华：第一，为政治部立章建制，政治工作有序开展；第二，加强学生政治教育，明确学习的目的是打倒帝国主义、军阀和贪官污吏，救国卫民；第三，指导建立左派组织"中国青年军人联合会"，使革命力量占据上风。

上任伊始，经孙中山同意，周恩来主持筹组大元帅府铁甲车队。铁甲车队正副队长3人都是中共党员。这是周恩来有意组织的一支由共产党人直接掌握的武装力量。后来，在这个基础上，周恩来将它组织为国民革命军第四军独立团，由刚从苏联回来的叶挺担任团长。1926年5月，在独立团离开广州奔赴北伐前线的前夜，周恩来特意赶到司后街叶家祠堂叶挺寓所召开连以上共产党员干部会，强调指出，独立团是党直接领导的军队，同任何旧军队有原则区别；号召大家要英勇作战，不怕牺牲，起先锋模范和骨干作用。独立团担任北伐先锋，屡破强敌，为第四军赢得了"铁军"的称号。重视党在军队的政治工作，周恩来在黄埔军校就开始了。

1925年8月25日，黄埔军校改编为国民革命军第一军，在组织上同黄埔军校分开了。9月，周恩来被任命为第一军政治部主任。

蒋介石在羽翼未丰之时，对周恩来非常倚重，比较信任他。但看到共产党的势力越来越大时，蒋介石开始感到紧张和恐慌。

为了抑制共产党的发展势头，蒋介石在军校开始排共，他提出，为保证黄埔军校的统一，是共产党员的，或者退出共产党，或者退出黄埔军校与国民党。他召集连以上的军政人员联席会，要求把所有在黄埔军校及在军队的共产党员名单、由国民党加入共产党的人员名单都交给他。周恩来以事关国共合作大事，须请示中共中央决定搪塞过去。后来，周恩来同陈延年、鲍罗廷商量准备给蒋介石的排共以回击，另组国共合作的军队，因未被中共中央采纳而未能实施。

1926年3月20日，"中山舰事件"发生，蒋介石在广州实行紧急戒严，下令逮捕海军局代局长、共产党员李之龙，监视和软禁大批共产党人，解除省港罢工委员会的工人纠察队武装，包围苏联领事馆，监视苏联顾问，把周恩来也软禁了一天。1926年4月上旬，周恩来被迫辞去第一军副党代表兼政治部主任的职务。

13 │ 两次东征

周恩来在黄埔军校担任政治部主任时,参与领导两次东征,开始了他的戎马生涯。

1925年初,盘踞在广东东江一带的军阀陈炯明,在英帝国主义和北洋军阀段祺瑞的支持下,趁孙中山北上之机,自封"救粤军总司令",倾巢出动,向广州进攻,妄图颠覆广东革命政府。广东革命政府为统一和巩固广东革命根据地,决定讨伐军阀陈炯明。

同年2月初,周恩来参与领导黄埔军校校军第一次东征。他指导建立中国青年军人联合大会,在成立大会上做政治动员报告,明确东征意义,明令东征纪律,不拉夫、不用军票、不强占民房等。

周恩来随军出征,他派出宣传队走在军队最前面,沿途向群众宣传东征的意义和部队纪律。宣传队还对士兵进行思想政治教育,在每个士兵所佩戴的胸章背面印上"爱国家、爱人民、不贪财、不怕死"的字样,由各连党代表对士兵讲解这四句口号的意义,鼓舞部队士气。当年的《商报》报道:

军行所至不扰民间一草一木,老妪妇孺,喜而挤观。鸡犬不惊,商市安堵。入夜无公家空房，则扎篷营露宿。东江人民父老，谓民国以来仅此次所见，乃是真正革命军，真正卫国保民之革命军。

2月4日，东征军在东莞石龙攻城取得大捷。2月6日，东莞各界举行欢迎革命军大会，周恩来在大会上发表演讲。东征军严明的纪律和饱满的革命精神，深受群众欢迎。

此次大捷揭开了决定首次东征局势的两大战役的序幕。

一是淡水战役。淡水城为惠阳要镇，地势险要，城墙坚固，易守难攻，并有守军数千人。东征军总指挥部决定组织攻城，在黄埔军校教导团挑选一批将士组成奋勇队（敢死队），担任爬城任务。周恩来亲自动员，勉励他们不畏艰险，不怕牺牲，要敢于以自己的一腔热血，浇灌革命主义之花。

2月15日拂晓，奋勇队队员逼近城墙，冒死冲锋，但敌人在城上居高临下，炮火猛烈，不少队员英勇献身。最终，东征军占领淡水城。

二是棉湖战役。这次战役是在潮汕地区的棉湖同陈炯明叛军主力林虎部的一场决战。周恩来同苏联顾问一道，亲临前线鼓舞战士英勇杀敌，与官兵同甘共苦，冒着枪林弹雨坚守阵地。3月13日午后，东征军击败敌军，棉湖战役结束。

4月12日，周恩来等率领东征军右翼部队与黄埔军校教导团到达梅县。周恩来深入各单位宣传，4月15日在东校场对学生发表演说，号召人民起来和反动军阀作坚决的斗争。仅3个月时间，东征军便席卷东江和潮汕地区，打败了陈炯明叛军主力部队，使敌人狼狈地向福建、江西境内逃窜。

正当东征军节节胜利之时，盘踞在广州及附近的滇、桂军阀杨希闵、刘震寰在广州发动武装叛乱。周恩来又回师平叛，并于6月中旬取得广州平叛胜利。8月，广东革命政府将所辖部队改编为国民革命军，黄埔军校学生军被编为第一军。周恩来在黄埔军校创建的军队政治工作，在国民革命军全军中也很快得以推广。

就在东征军回师广州平叛过程中，陈炯明在英帝国主义和北洋军阀的怂恿和支持下，退居闽赣边陲并卷土重来，占领了东江各地，企图进攻广州，颠覆国民政府。

不久，国民政府决定再次东征。周恩来被任命为东征军总政治部主任，兼任国民革命军第一军政治部主任，同时他还任第一军第一师党代表。

东征军再抵东莞石龙。有了第一次东征期间的政治工作经验，周恩来组织了200多人的政治宣传队随军走在最前面，一路宣传，受到沿途工农群众的热烈欢迎，鼓舞了士气，增强了战斗力。

惠州战役，是第二次东征的首次战役。陈炯明凭借惠州天险负隅顽抗。在10月13日上午的总攻中，东征军将士纷纷中弹，伤亡惨重。东征军总指挥部召开紧急会议，周恩来提出围城部队只围三方，让出缺口让敌人外逃，再聚而歼之的新方案。总指挥部采纳了周恩来提出的攻城方案。经过激烈战斗，东征军终于在10月14日攻破惠州城，开辟了第二次东征前进的道路。

10月16日，东征军在惠州第一公园举行追悼阵亡将士大会。周恩来宣读祭文并发表演说，号召将士要努力实现孙中山的遗志，"第一统一广东，第二统一中国，第三打倒帝国主义"。

经过两个月的浴血奋战，第二次东征取得了最后的胜利。

14 | 五卅惨案

东征军回师广州平叛胜利之际,传来"五卅惨案"的消息。

1925年5月30日,上海2000多名学生在租界内散发传单,发表演说,抗议日本纱厂资本家镇压工人大罢工、打死工人顾正红,声援工人,并号召收回租界。英国巡捕逮捕100多名学生。当日下午,一万多人聚集在英租界南京路老闸巡捕房门前。中国民众要求释放被捕学生,高呼"打倒帝国主义"等口号。英国巡捕竟开枪射击,当场打死13人,致使数十人受重伤,并逮捕150余人,造成震惊中外的"五卅惨案"。帝国主义屠杀中国民众的血腥暴行激起了中华民族极大的愤慨,一场反对帝国主义的革命风暴席卷了中国大地。

周恩来义愤填膺,部队回师广州后,他立即同中共广东区委联系,并与有关同志商量组织群众游行,声援上海工人、学生的斗争,还对游行的具体工作做了周密部署。

游行前夕,国民党中央党部也通知黄埔军校组织军人和学生参加群众游行。周恩来从军队中抽出两个营、从学校中抽出一个营组成了黄埔军校游行队伍。

6月23日上午,周恩来率黄埔军校的队伍聚集东校场开大会。随后,游行队伍以工、农、商、学、兵的次序出发。军队走在全队之后，以示军队是示威民众的坚强后盾。游行队伍成三人纵队，周恩来走在黄埔军校队伍最前排的中间，手里高举着写有"打倒帝国主义""为死难者报仇"等口号的小旗，高呼口号，整齐、雄壮的军人队伍给前面群众巨大的鼓舞。

就在游行队伍经过沙面租界对岸的沙基时，驻在沙面的英军突然用步枪向游行群众射击，接着就以机枪扫射，停泊在白鹅潭上的外国军舰也开始炮击。手无寸铁的中国民众纷纷倒在血泊中。周恩来的生命安全也遭遇威胁，与他并肩前进的两人都不幸被子弹打中而身亡，鲜血溅到了周恩来身上。

黄埔军校的士兵和学生也只能依托人行道上的石柱进行躲避，掩护群众转移，但人稠路狭，无法完全躲避。游行队伍当场死亡的有50多人，受伤的有100多人。其中，黄埔军校学生和士兵死亡的有23人，受伤的有50多人。这就是悲惨的"沙基惨案"。

后来，周恩来在黄埔军校第三期开学典礼的演说中和省港罢工工人第六次代表大会的政治报告中都提出了严正抗议……

15 | 革命伴侣

周恩来1924年9月从欧洲回到广州，10月任中共广东区委委员长兼宣传部部长，1925年2月改任中共广东区委常委兼军事部长。当时的广东区委管辖范围包括广东、广西、香港和厦门等地。1924年11月周恩来任黄埔军校政治部主任，1925年9月任国民革命军政治部主任、第一军第一师党代表、东征军总政治部总主任，授少将军衔。

回国3个多月了，周恩来投身于国内大革命滚滚洪流中，活动繁忙。繁忙之余，他没有忘记恋人邓颖超。在上海参加中国共产党第四次代表大会的时候，他就托人返回北京时给在天津的邓颖超带信。

周恩来这封充满关怀与思念的信让邓颖超终生不能忘怀。

邓颖超小周恩来6岁，她仰慕周恩来一表人才、品学兼优。他们的感情是从深厚的革命友谊发展而来的。一封封远渡重洋的信件，传递的是革命者心心相印、风雨同舟的浪漫，以及共同追求理想信念的真挚感情。

周恩来惦念邓颖超，据他了解，邓颖超与他家庭出身基本相同，不同的是他出身文官家庭，邓颖超则出身武官家庭。邓颖超3岁时，父亲邓庭忠在官场中遭到迫害，并被发配新疆，后得重病，不治身亡。她靠母亲杨振德含辛茹苦拉扯大。她从小饱尝重男轻女思想的苦头，因此从懂事起就渴望男女平等，祈求妇女解放。她与周恩来相识于五四运动的惊涛骇浪之中，一起创立觉悟社，一起追求自由、平等。一个15岁的女孩，参加了"预备'牺牲''奋斗'的组织"和敢于"作战的'大本营'"。她担任天津女界爱国同志会的讲演队队长，活泼热情，坚韧不拔，并具有一往无前的勇敢精神……

周恩来和邓颖超的情谊是在战斗中形成的，一起率领青年学生参加反帝反封建的游行示威，一步步加深了彼此的战友情。尤其是当周恩来领导天津各校数千学生赴直隶省公署请愿，被警察厅厅长杨以德无理拘捕时，邓颖超坚定地支持他，并在危难时自带铺盖前往警察厅，要求代替周恩来入狱。这种为革命目标前赴后继、生死与共的执着大爱，就像一根无形的纽带把他们紧紧地联系在一起。

他们的爱情关系是周恩来旅欧期间由通信确定的。邓颖超收到信时从心底感觉，周恩来正是自己理想的革命伴侣。邓颖超回忆说："在通信之间，我们增进了了解，增进了感情，特别是我们都建立了共同的革命理想，要为共产主义奋斗。三年过去，虽然你寄给我的信比过去来得勤了，信里的语意，我满没有在心，一直到你在来信中，把你对我的要求明确地提出来，从友谊发展到相爱，这时我在意了，考虑了。经过考虑，于是我们就定约了。但是，我们定约后的通信，还是以革命的活动、彼此的学习、革命的道理、今后的事业为主要内容，找不出我爱你、你爱我的字眼。"

邓颖超同周恩来确定恋爱关系后不久，在天津的《女星》旬刊上发表文章：

两性的恋爱，本来是光明正大的事，并不是污浊神秘的。但它的来源，须得要基础于纯洁的友爱，美的感情渐酿渐浓，个性的接近，相互的了解，思想的融合，人生观的一致。此外，更需两性间觅得共同的"学"与"业"来维系着有移动性的爱情，以期永久。这种真纯善美的恋爱，是人生之花，是精神的高尚产品，对于社会，对于人类将来，是有良好影响的。

邓颖超这番对"两性的恋爱"的认知，正是她与周恩来革命友爱、情爱、恋爱步步升华的结晶。

1925年7月，邓颖超遭反动当局通缉，党中央决定让她火速离开天津南下广州。周恩来和邓颖超已经有5年未见了。8月8日，邓颖超与周恩来这对革命情侣，在广州周恩来的寓所结婚。从此，两人在枪林弹雨和腥风血雨的岁月中患难与共，牵手走过了整整半个世纪……

16 暗　杀

1925年3月12日，孙中山不幸在北京病逝。

不久，国民党内部改组，权力做了调整，左右两派斗争非常激烈，其中右派势力很强大，并已传出风声要暗杀左派领袖廖仲恺。为此，廖仲恺的妻子何香凝特地找广州公安局局长要求增派卫兵，但廖仲恺自己对此不以为意。

廖仲恺担任着国民党中执委常委、黄埔军校党代表等职。8月19日，他接到一份通知，要他20日上午9时去国民党中央党部出席中执委第106次会议。

次日，廖仲恺的汽车准时到达中央党部大楼前。廖仲恺刚登上楼前的台阶，便遭到埋伏在骑楼下的几个刺客的枪击。随行卫兵立即开枪还击。廖仲恺身中4弹，被送往医院抢救，不久便身亡了。

在各界群众的强烈要求下，国民党成立了"廖案检查委员会"，周恩来以共产党员的身份担任委员会重要成员。

8月24日，蒋介石、周恩来、何应钦为"廖案"集会，并决定于当天晚上进行戒严，组织兵力搜捕案犯，确定戒严的时间从晚上11点开始,还确定了内部联络口令。

晚上9点左右,周恩来与苏联使者话别后,坐上汽车,匆忙赶回司令部参加督察部队的戒严行动。

给周恩来开车的司机,曾在洋人的工厂里做过工,受尽了洋人歧视,自从给周恩来当司机后,周恩来把他当兄弟看待,他十分感动,并懂得了不少革命道理。廖仲恺遇刺后,他对周恩来的安全十分上心,与周恩来形影不离。

周恩来的汽车行至司令部的大门口,车被拦住,门卫大喊"停车"。司机纳闷,周主任的小车,谁不认识,怎么被拦?汽车依然向大门内驶去,这时门卫又大喊戒严的口令,周恩来的司机按原定口令做了回答。门卫听口令不对便高度紧张,大声喊:"不停车,就开枪了!"说话间手中的机枪同时响了起来。司机身上连中数弹,可他还是赶紧把车掉头开进了一条小巷。结果,司机死在了驾驶座上,周恩来的随身卫兵也随着枪声倒下,周恩来在枪响的一瞬间,机警地把身子俯下去,才幸免于难。

当汽车停下来的时候,周恩来打开车门,一边大声高呼"我是周恩来!……"一边下车。门卫听到了喊声后,慌忙停下正在扣动机枪扳机的手指,才知道错打了政治部主任,他们个个慌慌张张地拥向汽车,并急呼救护车。

这一次事故,又差一点儿让周恩来丢了性命。事后才知道,蒋介石将原定戒严的时间提前了两个小时,理由是怕行动计划泄露,让刺杀廖仲恺的凶犯逃跑,而且还更改了内部联络口令。周恩来作为"廖案检查委员会"的3名重要成员之一,"宵禁"(夜间戒严,禁止通行)提前,竟未被告知。

周恩来当时急于缉拿"廖案"凶犯,简单处置了两位牺牲同事的后事,便赶赴搜查点检查部队的搜查情况,于当晚抓获了三四个刺杀廖仲恺的凶犯。廖案发生后,蒋介石乘机逼走国民党右派领袖人物胡汉民,许崇智(担任国民政府军事部部长、广东省政府军事厅厅长、粤军总司令)也被迫下台离开广州。于是广东革命政府的军事领导权逐渐转移到蒋介石手中。

周恩来回家后,邓颖超看见他的西服上血迹斑斑,以为是抓捕凶犯时留下的,也未多问。周恩来更没有多讲,其中蒋介石留下来的疑团,他也不想让妻子知道,省得她多一分担心。

17 | 上海工人第三次武装起义

1926年12月,周恩来遵照中共中央安排,离开广东,去往上海,担任中共中央组织部秘书,兼任中共中央军委委员。次年2月,担任中共上海区委军委书记。

1926年10月和1927年2月,上海工人阶级在中国共产党江浙区委的领导下,曾先后举行了反对帝国主义和买办资产阶级的两次武装起义,可由于准备工作不充分和时机不成熟等,都先后失败。虽然明知起义可能继续艰难受挫,并有流血牺牲,具有光荣革命传统的上海工人阶级却没有气馁,仍然在积极准备,争取第三次武装起义。江浙区委罗亦农、赵世炎等,积极支持工人的正义要求,同意举行第三次起义,认为这是挽救国民革命危机的一个重要步骤,并报告了党中央。

两次失败,前车可鉴。中央会议上大家就必要性和把握,争论激烈。最后,中央多数同志站在工人一边,并建议由周恩来担任武装起义总指挥,务必夺取胜利。

会后,周恩来来到江浙区委,参加领导起义的准备工作。他参加联席会议,了解工人纠察队的力量配备,研究敌军警各据点力量分布,事前做好切实周密的准备工作,最后择定有利时机:原驻上海军阀李宝章部悄悄撤走，直鲁联军毕庶澄部接防之时。预备起义就在他们交接空隙进行！

"呜……"3月21日中午12时，四郊几处大工厂的汽笛齐鸣，上海市80万产业工人宣布总罢工，第三次武装起义开始！

顿时，租界上的劳工大众洪流般涌向预定地点集合，华界武装工人纠察队都佩戴白底黑字"工人纠察队"的臂章，雄赳赳、气昂昂地进入战斗岗位。

起义的行动，分七个区进行。围攻上海北站的任务十分艰巨，那里敌人的守备力量最强，屋顶有敌人机枪阵地，西面铁路停有白俄雇佣军的装甲火车，配有迫击炮两门，北面有帝国主义列强的重机枪阵地。起义汽笛拉响后，上海北站进入战斗状态，敌人的火力很强，严重阻碍纠察队的进攻。成功围攻北站是关系第三次武装起义胜利的关键环节。

起义开始时，周恩来来到设在闸北宝山路横滨桥南商务印书馆职工医院的起义总指挥部。黄昏时，围攻北站的纠察队在轻机枪的掩护下，对敌人开始了攻击。敌人的迫击炮和重机枪射击突然引起宝山路东侧居民里弄着火，火借风势蔓延，居民惊慌失措。周恩来立即亲临现场，一面指挥救火，帮助居民抢救物资和保证居民有秩序转移；一面加强火力，严密监视敌人动向。果然，敌人乘居民救火之机，对工事（保障军队发扬火力和隐蔽安全的建筑物）发起进攻。千钧一发之际，周恩来在前线指挥一支突击队冲上去，会合纠察队向敌人猛烈回击，把敌人重新打回北站，夺回防御工事。在火力掩护下，大火被扑灭。第二天，居民纷纷拿来自家桌椅、木头、麻袋，给起义队伍加强工事。

周恩来同纠察队员们一起扛木头修工事时，突然一颗炮弹落在附近，他立即卧倒，等站起身来已经变成了泥灰人，但他拍拍泥灰继续帮助修工事。

"周总指挥，这里是前线，您的指挥位置不在这里。"一个纠察队员很担心周恩来的安全,对他说道。

周恩来笑着说:"当指挥员的怎么能不来?你们不是同样很危险吗?"

"周总指挥真是身先士卒的英雄!"旁边的纠察队员边说边竖起大拇指。

纠察队员们都很感动,战斗勇气倍增。

当时,北伐军东路军已到新龙华,上海总工会派工人代表团前去慰问。东路军总指挥白崇禧正在开军事会议,会后他接见了慰问团。慰问团赵子敬汇报了工人纠察队英勇起义的情况,希望北伐军进上海同工人武装会师。当时国民党右派吴稚晖立即阻止说:"北伐军绝不支援上海工人纠察队,让毕庶澄消灭纠察队再进上海。"慰问团当即予以回击。

周恩来听了汇报后,坚定地说:"我们上海工人纠察队是有志气的,我们完全有力量拿下北站!"

周恩来马上召集前线指挥员开会,传达情况,调整部署,鼓舞士气。

"22日下午5点,总攻开始!"周恩来发出上海北站总攻令。工人纠察队士气大振,以雷霆万钧之势打开战斗。

战斗中市民自发慰劳纠察队,还给指挥部的同志送来了几桶稀粥,闸北区委委员黄逸峰盛了一碗给周恩来。周恩来看着碗里的稀粥,仿佛看见了民心,他饱含热泪,把粥倒回木桶,笑着对大家说:"把这些粥统统送给前方战斗的同志们!"

经过激烈的战斗,北站敌人纷纷举起了白旗。50多名工人纠察队员凭借开始的150杆破旧枪支和少量手榴弹,经过连续30个小时的战斗,打败了用洋枪洋炮武装的反动军警,最后解放了上海。在这30个小时的战斗中,总指挥周恩来一直同工人纠察队同甘共苦,坚持战斗。

上海工人第三次武装起义终于取得胜利!

18 | 南昌起义

上海工人第三次武装起义胜利后，周恩来一直留在闸北总指挥部整编部队和开展教育活动。因民族资产阶级的观望和陈独秀的右倾，上海市民代表政权机构一直没成立，只有工人纠察队驻扎的地方，才由纠察队维持治安。

为了进一步团结北伐军，周恩来要求普遍开展军民联欢活动。这期间，北伐军多次换防，最后换上的是由军阀孙传芳残部周凤岐的部队改编过来的二十六军。周恩来派总工会等通过二十六军党代表赵舒做周凤岐的工作，进行三民主义教育宣传，要二十六军同工人纠察队合作。然而周凤岐视财如命，开口向工人要50万军饷，军阀的目的当然不能让它达到。

1927年4月5日，陈独秀和汪精卫联合发表"国共继续合作"的宣言，虽讲联合，却难掩蒋介石的分裂阴谋。这时蒋介石也来到上海，与帝国主义和买办资产阶级直接谈判。为了麻痹上海工人阶级，他口头上支持工人武装，还敲锣打鼓地给总工会和工人纠察队送"共同奋斗"的锦旗，背地里却收买上海帮会，在租界纠集大批流氓，准备解除工人纠察队的武装。

虽然周恩来一再提醒大家要提高警惕，但受陈独秀右倾机会主义的影响，工人们在蒋介石"四一二"大屠杀（1927年4月12日，蒋介石在上海发动的反革命政变）面前没有任何警觉，无数群众倒在二十六军的枪口下，上海笼罩在一片白色恐怖之中。

周恩来也被二十六军扣留，最后经党代表赵舒做工作才逃离虎口。

汪精卫、蒋介石向共产党公开举起了屠刀，长沙爆发的马日事变、武汉"清共"的"七一五"事变……共产党员和无辜群众赤手空拳，纷纷倒在血泊中……

可陈独秀的右倾机会主义还在讲团结。"说是为了团结，武器都让给别人手里；说是要防止过火，就让我们共产党人和工人群众眼睁睁被官僚地主屠杀。这哪里叫革命？简直是投降！""军阀手中铁，工人头上血，现在是我们为革命牺牲的时候了。我们要抱定必死的决心去战斗！"……广大共产党人都极为愤慨，身心都在油锅里煎熬。

白色恐怖并没有吓倒英勇的共产党和群众，他们埋葬了牺牲的同志的尸体，擦干身上的血迹，继续前进！

周恩来与江浙区委立马召开活跃分子和各支部会议，鼓舞继续战斗，动员一部分"目标太大"的同志转赴农村开展工作。罗亦农和周恩来一道秘密赴武汉，出席中共第五次代表大会。

1927年7月中旬，中共中央成立了政治局临时常委会，发布对政局宣言，宣布中国共产党人坚持反对武汉国民政府日趋反动背叛革命的政策，退出武汉政府，继续不妥协地和新旧军阀、帝国主义进行斗争。改组后的中央政治局临时常委会决定了三件事：发动南昌起义、秋收起义和召开中央紧急会议（即后来的"八七会议"）。中共中央政治局临时常委会委员、中央军事委员会书记周恩来负责组织领导南昌起义，担任前敌委员会书记。政治局候补委员毛泽东负责组织领导秋收起义，担任前敌委员会书记。

1927年7月27日,周恩来身着朴素的中山装,拎一只黑色皮包,秘密抵达南昌,住在花园角朱德的寓所。两位老朋友相见,分外开心。当日,中共前敌委员会(简称"前委")在江西大旅社正式成立。根据中央决定,中共前敌委员会由周恩来、李立三、恽代英、彭湃四人组成。

朱德时任国民革命军第三军军官教育团团长、南昌市公安局局长兼市政委员会委员。参加起义的主力部队,一支是贺龙领导的国民革命军第二十军;另一支是叶挺领导的第十一军第二十四师,这是一支由共产党完全掌握的部队,是起义军的骨干力量;还有一支是第四军第二十五师。7月中旬,党中央利用"东征讨蒋"之名,将属于国民革命军第二方面军的第十一军第二十四师和第二十军,由武汉、鄂东一带调往九江、南昌集中。

周恩来到达南昌的当天,叶挺率领的部队已于凌晨先进入南昌。接着,贺龙、刘伯承、恽代英、李立三、彭湃、吴玉章、林伯渠、郭亮、方维夏、徐特立等党的领导干部及国民党左派人士彭泽民、张曙时等陆续到达南昌,参加起义准备工作。毛泽东派毛泽民赶来南昌参加起义。

7月28日,周恩来找贺龙谈话,代表前委任命贺龙为起义军总指挥兼代第二方面军总指挥。刘伯承起草了起义计划,组织了起义总指挥部。

7月29日,中央政治局临时常委会常委张国焘在九江以"中央代表"身份给前委发两次密电,说暴动宜慎重,无论如何要等他到后再作决定。次日早晨,张国焘又从九江赶到南昌,竭力阻止起义。

之前,国民党反动派对第二十军和第十一军的第二十四师的动向已产生警觉。在九江,汪精卫和几个新军阀阴谋策划牵制这两支队伍,他们以国民革命军第二方面军(辖第四、第十一、第二十军)总指挥张发奎的名义,通知贺龙、叶挺去庐山开会,妄图借机解除他们的兵权。这时,在第四军任参谋长的叶剑英也随军驻在九江。于是贺龙、叶剑英、叶挺3人在九江甘棠湖的一条船上研究对策，决定不执行张发奎的命令，叶挺、贺龙率部开往南昌。

可见，时间非常紧迫，起义必须走在敌人行动前面。张国焘到达当晚，前委召开紧急会议。张国焘极力美化张发奎，说起义须经张发奎同意，否则不可动。周恩来、李立三、彭湃等人坚决反对。针对张国焘取消起义的游说，周恩来指出：这个意思与中央派我来时的想法不相吻合。起义不能推迟，更不可停止！他接着分析指出，张发奎受汪精卫影响很深，不会同意我党起义。我党应独立领导武装，再不能依赖张发奎。会议开了几个小时，争执不下。7月31日早晨继续开会，又经过几个小时的激烈争论，在得知张发奎参加庐山反共会议后，张国焘表示服从多数。前委会议正式决定8月1日凌晨4时举行武装起义。

起义命令由叶挺起草，以第二方面军代总指挥贺龙的名义发布。这时，张国焘又以修改起义文件为借口推迟。时不我待，周恩来怒不可遏，大喊："由我来改！"

周恩来签发命令："我军为达到解决南昌敌军的目的，决定于明日（8月1日）4时开始向城内外所驻敌军进攻，一举而歼之！"

经过周恩来和前委其他同志的坚决斗争，起义敲定。又因第二十军有一副营长叛变，起义提前至凌晨2时开始。

"叭！叭！叭！"凌晨两点，三声清脆的枪响打破了夜空的宁静——向国民党反动派打响第一枪的南昌起义开始了！各路起义军揭竿而起，人人颈系红领带，左臂扎白毛巾，手电、马灯上亮"红十字"，口令为"河山统一"……枪声大作，喊声震天，起义指战员们如潮水一般扑向敌人阵营……

"河山统一！"起义按计划有序进行。周恩来指挥若定，他的指挥部电话接连不断，沉着冷静地指挥各路部队进攻、进攻！

历经4个多小时的激战，到凌晨6时，杀声、枪炮声和敌人阵营投降的"敬礼号"声完全停止，城内国民党守军全部肃清，起义取得胜利。

8月1日黎明，总指挥部门前挤满了人，有起义官兵、党政干部和群众。周恩来兴高采烈地走上台阶，同大家招手，在这里举行了非正式集会。周恩来发表了即兴演说："革命靠军阀的部队是靠不住的，我们必须建立自己的武装来打倒反革命。现在，我们起义成功了，从此，这里的军队归共产党领导了！……"

群众高呼口号，南昌城四方回应，一片欢腾。

前委立即召开会议，调整起义部队各级领导干部，增加了共产党员和国民党左派的领导干部占比，由贺龙代理第二方面军总指挥，叶挺代理前敌总指挥，刘伯承任参谋长，下辖第二十军、第十一军、第九军。朱德任新建的第九军副军长。

一支由中国共产党独立领导的人民军队诞生了！

19 赴莫斯科参加中共六大

南昌起义的部队在南下的过程中被打散了,周恩来历尽艰险,从香港转回上海,好不容易才找到地下党组织,后来留在上海领导党的地下工作。

大革命失败后,为了争取一段充裕的时间和安定的环境来好好总结经验、吸取教训,并部署好今后的工作,中共中央决定将党的第六次全国代表大会搬到十月革命的故乡苏联莫斯科去开。

周恩来是会议正式代表,邓颖超是列席代表,他们一同赴莫斯科。

1928年5月初,周恩来和邓颖超正要动身,地下交通员通知他们住处已暴露,必须立即转移。

他们立即销毁所有文件,只穿着随身的衣服,带上小手提箱,立即离开。好在前一天已安排邓颖超的母亲杨振德先转移了。

周恩来留长须穿长袍,装扮成一名姓王的古玩商人。邓颖超穿着一件半旧旗袍,完全一副家庭主妇模样。

为安全起见,组织给他们订了去大连轮船的头等舱。因走得仓促,"八妹"庄东晓(庄东晓同邓颖超等八人组成中共中央妇女委员会,按年龄排行为"八妹")托交通员带来借给邓颖超的两件漂亮旗袍都没来得及拿。周恩来和邓颖超的衣着明显与头等舱很不相称。

5月3日，日本军国主义分子在济南屠杀了中国外交官员，打死打伤中国民众多人，制造了著名的"五三惨案"。周恩来很关心事态的发展，在上海街头匆匆买了各种报纸，带上了船。

坐头等舱的客人们每天都要更换衣服，但周恩来和邓颖超却无衣服可换，难免会引起别人的注意。旁人多看他们一眼，邓颖超心里就有点儿发虚。周恩来却机警、沉着，神态自若。他对妻子淡然一笑，小声说："沉着应付吧。你我都演过戏，只要下决心演好戏，我这古玩商人保证不露马脚。你这位太太也要配合好啊。"

邓颖超点了点头。

船经过青岛时，在港口短时间停留，旅客可上岸。周恩来和邓颖超上岸吃了午餐，特意买了几件像样的衣服，又买了青岛当地的各种报纸带上船。

船到大连，周恩来夫妇正要出舱，驻大连的日本水上警察厅急匆匆过来几个人，对他们进行盘问。

日本警察不客气地问："你是干什么的？"

周恩来沉着地回答："做古玩生意的。"

日本警察气势汹汹地问："做古玩生意的，为什么买那么多报纸？"

周恩来平静地回答："在船上没事，看看报纸，消遣消遣。"

邓颖超灵机一动，插话："我先生也做股票生意。报纸上天天都有股票行情，我们不能不留意啊。"

邓颖超的话，还真堵了日本警察的嘴。但他们又换了话题，紧追不舍，问到哪里去、干什么。最后还要带走周恩来，跟他们去一趟警察厅。邓颖超有点儿紧张，要同周恩来一块去。周恩来瞪了她一眼说："你不要去，你去干什么？这大概是误会，我一会儿就会回来的。"他又转身，对那个官员说："麻烦你们帮我的太太找个旅馆，并请你们送她到旅馆先住下。"

他像个做惯大生意的阔商人，又像在舞台上演阔财主那般颐指气使，指向官员说："要大连最好的旅馆，我的太太最讲究卫生。"

日本警察可被镇住了，他们慌忙点头哈腰："请放心，我们送太太到大和旅店，那是大连最好的旅馆，是我们日本人开设的，卫生条件很好，太太一定会满意的。"

邓颖超装出阔太太的模样，坐在豪华房间的柔软沙发上，却如坐针毡：他们假如认出周恩来，肯定会下毒手。她在大连没一个熟人，怎么营救……度秒如年，她焦急不安地等待着。

两个小时过去，终于有敲门声了，周恩来推门进来了，她高兴得想从沙发上跳起来。周恩来连忙用手指在嘴唇上按一下，示意不要作声。无疑，他们肯定受到了监视，还有密探在周边活动。

周恩来故意大声说："我可真累了，想马上洗个澡。你去卫生间放水吧！"然后，他小声对邓颖超说："立即销毁接头证件。"

邓颖超找出证件进了卫生间，撕碎，丢入马桶放水冲走了。

周恩来洗完澡，向妻子慢慢讲了在水上警察厅被查询的经过。出生年月、学历、职业、去找谁、姓什么，他们问得很细。他们硬说周恩来不是做古董生意的，而是拿枪杆子的。待周恩来伸出手来，他们细细看手又不见拿枪的痕迹，于是又从抽屉里翻出一张照片，说"你不是姓王而是姓周"，并猛地大喝一声：

"你是周恩来！"

周恩来讲得让邓颖超感觉就像自己也在现场。邓颖超大惊失色，说："好危险啊，日本人掌握了你的资料。"

"是我在黄埔军校任政治部主任时的资料。"那照片上的人一身戎装，年轻英俊；眼前的周恩来却是位商人模样，满面胡须，一身西装，派头十足。加上周恩来对舅舅姓周与自己姓王的一番中国文化解释，让日本人觉得周恩来确实像个富商，不可随便拘禁，只好放了他。周恩来则责怪他们耽误了时间，责成日本人帮他们夫妇买两张到长春"看舅舅"的头等火车票，并亲自送过来。

上车后，他们发现头等车厢中已坐了一个日本人。周恩来与他交谈了几句，就识破对方是跟踪的密探。

地下党在上海真开过一家古玩店，周恩来常去接头，了解了古玩交易的知识。他同这个日本人说古玩，头头是道，似乎真把对方迷惑住了。

下车前，密探似乎谈古玩生意谈上瘾了，送给周恩来一张自己的名片，说希望以后有生意多关照。日本有交换名片的习俗，周恩来哪来得及印名片，只好指着行李架上的手提箱说，名片在行李箱里，行李箱被人家行李压住了，不方便取，对不起。对方也连说"没关系、没关系"，并要"王先生"以后多联系。

到长春后，他们没直接去伯父周贻赓家，而是先在旅馆住下，写信同伯父联系上，再去了伯父家住上几天，说明一切；为避免被日本警察厅纠缠，他们又去吉林财政厅对证。

伯父伯母没子女，他们视周恩来为己出，邓颖超又是第一次来，周恩来让她留下多住两天。

周恩来离开长春，先到哈尔滨，住在在铁路局做小职员的三弟家里，邓颖超两天后赶到。考虑到开会接头的文件已销毁，邓颖超不得不去车站等后面来的李立三同志，同他一起去接头参会。

邓颖超等了好几天，终于在车站出口处看到了李立三。见了李立三，周恩来夫妇才同哈尔滨的同志联系上。周恩来夫妇终于同李立三踏上了去莫斯科的征程。

20 | 上海特科

1928年11月上旬,中国革命力量被严重摧残,成千上万的共产党员和革命群众惨遭杀害,党组织屡遭破坏。周恩来受命于危难之际,在白色恐怖笼罩下的上海,秘密主持中共中央工作。

周恩来在第一次国共合作时期已是名人,国民党很多人认识他。这给他在上海的工作带来很大危险。在复杂的环境中,他只好经常变换姓名和住处。他在一个住处有时住一个月,有时只住半个月或几天,每换一次住处就要改一次姓名,党内知道他住处的也只有两三人。他外出只在清晨5点至7点和晚上7点以后,并且装扮成商人,留长胡须,很少走大马路,多穿小弄堂。因此,敌人虽然已知道周恩来在上海开展地下革命活动,但始终没有发现他的踪迹。

周恩来同敌人巧妙周旋保护自己,还要保护革命同志,并果敢指挥大家同敌人秘密斗争。这次他来中央不久,就建议中央成立中央特别行动科,任务是派人打入敌人心脏,探取情报,破坏敌人的阴谋计划,惩处叛徒,保护革命同志的安全。

1929年8月24日,因叛徒白鑫告密,中共重要领导人彭湃、杨殷等人在上海沪西区一个秘密联络点被敌人逮捕。担任特科主要负责人的周恩来立即连夜召开特科紧急会议，研究营救同志和惩处叛徒的办法，但未能实现。8月30日，彭湃等4位同志被敌人秘密杀害。

周恩来极为愤慨，他当即代中共中央起草了《以群众的革命斗争回答反革命的屠杀》的告人民书，揭露敌人的罪行。当时，彭湃同志的老母亲正流落在澳门，周恩来立即派人把老人接到了上海中共中央机关，予以慰藉和照顾，并妥善安置了彭湃的幼子彭洪。安置好战友们的家属后，周恩来亲自起草惩处叛徒方案，为死难的战友复仇。

通过特科情报科科长陈赓的周密打探，叛徒白鑫的生活习惯和动向已被特科掌握。周恩来亲自实地考察现场，为防止叛徒逃往南京，制订了详细的行动方案，交陈赓率"打狗队"执行。

1929年11月11日傍晚，叛徒白鑫正从国民党特务范争波家中出来，有范争波等特务保护，白鑫欲乘轮船逃离。不等他们上汽车，随着一声断喝"不许动"与一阵枪响，白鑫被当场击毙，得到应有的下场。这起惩处白鑫案，敌人一直没告破。此前，周恩来还领导特科处决了出卖中共中央组织局主任罗亦农的叛徒何家兴夫妇，并铲除了内奸戴冰石、陈慰年。

1931年4月，中共中央特科内部出了个大叛徒顾顺章，是中央政治局委员。他在武汉被捕后立即叛变。由于他知道中共太多秘密，中共如不及时找出对策，危害极大。

好在1929年冬周恩来就已安排共产党员钱壮飞打进了国民党特务机关。钱壮飞得到中统特务头目徐恩曾的重用，成为他的机要秘书。顾顺章为了当面向蒋介石邀赏，没有立即把钱壮飞出卖给武汉特务，只是提醒先不要给南京特务机关发电报。武汉特务们为抢功，没有顾及叛徒的劝告，立即给徐恩曾发了密电，报告顾顺章已"归顺"，正解往南京，三天之内可以将中共中央全部"肃清"。电报还特别提到，不能让徐恩曾身边的人知道消息，否则计划将落空。

刚好那天晚上徐恩曾去了舞场逍遥，钱壮飞收到6封从武汉发来的"徐恩曾亲译"密电，感觉情况不对，立即悄译电文。得知顾顺章叛变，钱壮飞顿感事态严重。他记下电文，把电报重新封好，立即派人连夜到上海向中央报告。

周恩来在陈云等人的协助下，立即派人向中央各部门发出警报，并迅速开会布置行动方案。在周恩来的指挥下，上海中共中央机关、江苏省委及共产国际派驻机关，一天之内全部搬了家。等顾顺章到达南京邀功时，中共中央机关和领导人已无影无踪。敌人的阴谋破产，叛徒顾顺章也没能达到自己的目的，最终没有逃脱被特务杀害的下场。

在这几乎使中共中央机关遭遇灭顶之灾的非常时刻，周恩来为保卫党中央作出了贡献，得到了党的嘉奖。事情过后，同志们对周恩来更加崇敬和感激，衷心赞颂："一生机智一身胆，周公谈笑破敌谋。"

21 | 临危不乱

1931年12月中旬，周恩来奉命从上海经地下交通线辗转来到闽西，从这里转道去中华苏维埃共和国临时中央政府的所在地瑞金，担任苏区中央局书记，主持中央苏区工作。

1933年，中央红军第四次反"围剿"获重大胜利，消灭了蒋介石嫡系部队3个师，俘敌1万余人，还活捉了两名敌师长。为了庆祝胜利，进一步鼓舞部队的斗志，总政治部青年部部长萧华主持召开了全军青年工作会。会场设在宜黄县西南总部驻地一座年久失修的祠堂里。周恩来、朱德、王稼祥等中央领导坐在主席台后排凳子上，到会的几十名青年干部坐在讲台前面。

正当周恩来向青年团作报告的时候，6架敌机突然盘旋在会场上空，敌人显然获得情报，知道这一带驻有红军的首脑机关。飞机越飞越低，寻找轰炸目标。与会人员想跑出祠堂，可敌机已俯冲下来。

祠堂周围被炸成一片火海。萧华和在场的年轻人一样，缺乏防空经验，他想到祠堂外百米远的山前有防空洞，赶紧猫着身子往外跑。刚冲到门口，周恩来抬头看到当空坠下一枚炸弹来，猛地一把将萧华拽进门槛，大喊一声"卧倒！"，随即将萧华按倒在自己身边，并用身躯护着他。好几颗炸弹在离门口不远的地方爆炸,弹片擦身而过,掀起的泥土和震落的尘土,厚厚地盖了他们一身。

一阵狂轰滥炸之后,敌机飞走了。近处的几座房子变成了一片瓦砾,正在冒着青烟;祠堂周围的空场上炸出一个个深坑,墙壁上留下累累弹痕。王稼祥的腹部也被弹片炸伤了。周恩来和萧华幸好安然无恙,赶紧从地上爬起来。萧华既惊恐又感激地看着周恩来,要不是周恩来富有防空经验,临危不乱,后果不堪设想。

只见周恩来拍打着身上的尘土,向周围扫视一眼,诙谐地说:"蒋介石知道我们在这里开会,派飞机给我们放炮庆祝。"一句话,说得大家都笑了。

善写诗歌的萧华,写了《周恩来政委和我们在一起》一诗,记下了这次"周政委"舍身救人的场景:

蒋机咽咽哭亡魂,投地烽烟黑半空。
军中青年会正酣,远略妙韬讲更浓。
临险泰然周政委,扬眉一笑凌苍穹。
轻拂弹尘重开讲,挥手潇洒满天红。

22 | 力荐毛泽东

1929年夏秋之间，中共中央觉察到红四军领导层发生了严重分歧，主持中央军事工作的周恩来，先后于8、9月两次代表中央起草给红四军前委的信，赞同毛泽东在军队建设方面的观点，让受排挤的毛泽东重返领导岗位。

周恩来早对毛泽东和朱毛红军有很深的了解。中央苏区时期，毛泽东因多次受到中共中央"左"倾领导者的不公正对待，被迫让出红一方面军总政委的职务，只以中华苏维埃共和国临时中央政府主席的身份"随军行动"。周恩来到瑞金后，总政委职务由周恩来兼任。

1932年7月7日，为了积极备战，中华苏维埃共和国临时中央政府决定成立劳动与战争委员会，任命周恩来为主席。周恩来以中央苏区中央局代表身份去前方后，后方工作由任弼时、项英主持。到前方不久，为方便作战指挥，周恩来在苏区中央局兴国会议上建议，由周恩来、毛泽东、朱德、王稼祥组成最高军事会议，获得通过，周恩来任主席。8月8日，在周恩来的坚决要求下，他自己退出红一方面军总政委职务，并力举毛泽东恢复原军职。中革委发布通告，任命毛泽东继续担任红一方面军总政委。

1932年10月上旬，宁都会议上，因主持后方工作的苏区中央局主要领导的干预，指出毛泽东在反"围剿"中的"诱敌深入"方针"错误"，无视组织原则，不能再留在前方。周恩来主动承担"责任"，他反对苏区中央局领导的意见，获得朱德、王稼祥的支持，毛泽东继续留在前方指挥作战。但三次反"围剿"的胜利事实都无法阻止中央局主要领导人的错误指责，中央局最后还是以批准毛泽东请病假为由让他回后方"休养"。1932年10月12日，中革军委通令宣布毛泽东回后方主持中央政府工作，"所遗总政委一职，由周恩来同志代理"。周恩来对毛泽东依依不舍，亲自到毛泽东住处送别。毛泽东也向他表示："前方军事急需，何时电召便何时来。"

会后，毛泽东到闽西长汀福音医院休养。1932年10月14日，红一方面军发布战役计划，周恩来仍然将"毛泽东"以"总政委"署名，并在计划上注明："如有便，请送毛主席一阅。"周恩来对毛泽东的军事才能十分敬佩，并继续执行毛泽东的"诱敌深入"作战方针，这就为第四次反"围剿"的胜利奠定了基础。

在博古的极力支持下，李德在红军的第五次反"围剿"中完全掌控了军事指挥权，在前方的周恩来也无法驾驭局面。李德的"街垒战术"导致第五次反"围剿"惨败，迫使中央红军不得不走上漫漫长征路。

中央红军在长征途中浴血奋战，突破了敌人四道封锁线，也付出了极为惨重的代价，在渡过湘江之后，部队由出发时的8万多人锐减到3万多人。全军上下都沉浸在失败的情绪中，许多人在反思失败的原因，为中国革命的前途和命运担忧，迫切希望从路线上、组织上做出根本上的改变，挽救危局。

周恩来当时身兼多项重要职务，既是中央政治局常委、中革军委副主席、红一方面军总政委，又是中央红军长征最高"三人团"成员之一，责任重大，心力交瘁。政治上博古做主，军事上李德做主，周恩来只分管红军战略转移的实施。研究红军主力长征后,留什么人在根据地坚持斗争时,只有军事方面的干部征求了周恩来的意见,其他方面只告知他一个数字。博古、李德虽不相信周恩来,但不得不用他。因为,当时周恩来在党内、军队内具有特殊分量。当知道博古、李德不想让毛泽东随主力长征,甚至安排毛泽东去苏联养病时,周恩来坚决反对。

后来在长征的危急关头,周恩来极力支持毛泽东放弃湘鄂西的计划,改向敌人力量薄弱的贵州前进。通道会议、黎平会议、猴场会议,他一步步争取毛泽东参加会议并支持了他的正确意见,对确保队伍前进的正确方向起到了极为重要的作用。李德因患症疾未参加黎平会议,周恩来将决定转告给了他,两人发生争吵,一向温和宽容的周恩来被顽固的李德激怒,他对李德拍桌子,把桌上的马灯都震得跳起来,灯都熄灭了。

灯灭了,"三人团"也瓦解了。在遵义会议上,周恩来指出第五次反"围剿"失败的根本原因在于军事指挥的完全错误,并主动承担责任,做出严肃的自我批评,也严肃批评了博古、李德,全力推举毛泽东领导红军今后的行动。周恩来的提议得到大多数人的赞同,毛泽东再次当选政治局常委。会议认为过去失败的主要责任在博古、李德身上。大家对周恩来仍是信任和尊重的。

遵义会议后,中央政治局常委分工决定毛泽东协助周恩来指挥军事。长征路上由周恩来、毛泽东、王稼祥组成新"三人团",周恩来为团长。可在战略战术上,周恩来十分倚重毛泽东的意见。遵义会议,在事实上确立了毛泽东在党中央和红军的领导地位。

23 | 长征路上

中央红军一开始踏上长征路，队伍日夜急行军，众多领导人不便聚集开会，中央领导核心只好成立"三人团"。红军突破四道封锁线之前，周恩来虽然在政治和军事上做不了主，但是负责督促军事准备与计划的具体执行。在急行军中，他常将他的骡子让给生病的战士骑或驮武器。行军小憩或防空时，他又找机会和战士们拉家常，讲战史。一到宿营地，他便抽空到部队看望指战员，察看地形，调查行军路线。到达驻地之后，他安排人马架起电线、接收电报并阅读和送阅电文，观察地形图、研究敌情，起草和下达作战命令。他常常通宵达旦地工作，白天却和战士们一起行军。他工作比别人多，操心比别人多，休息比别人少，与战士们吃同样的伙食。尤其在湘江战役中，他一直坚持在湘江东岸渡口指挥部队抢渡，同时还要向后方交代任务，眼看红军伤亡过半，湘江河水被战士的鲜血染红。第五次反"围剿"以来，周恩来对错误的军事独裁痛心疾首，眼下的情景更是雪上加霜，周恩来的心中悲愤交加。

长征途中，繁重的工作压力和恶劣的环境，使周恩来心力交瘁。他坚持了十个月，但人终归不是铁打的。1935年8月，红军翻过雪山，中共中央政治局在毛儿盖附近的沙窝召开会议之后，周恩来病倒了，且昏迷不醒。

当时，红军队伍中主要流行痢疾、腹泻、疥疮和下腿溃疡四种疾病。周恩来月初就开始腹泻了，大便中有脓、血和黏液，体温从38℃上升到40℃，全身逐渐发黄，人神志不清，最后高烧昏迷，病情发展快，病势重。红军中的主治医生化验了大便，发现有阿米巴原虫。中央决定将随军大夫王斌从长期患病的王稼祥身边调过来，给周恩来治病。

王斌给周恩来做了全身检查，发现他肝脏肿大，下缘竟接近右肠骨窝；右侧下胸及上腹肿胀，胸围右侧比左侧大4横指。周恩来确诊患了肝脓肿和阿米巴痢疾两种疾病。幸好王斌药箱中还有依米丁注射液，每天注射一两支，但效果不大。红军医疗条件差，又是长征途中，穿刺吸脓或开刀都不可能。但万一脓肿破裂流入胸腔或腹腔，得了化脓性胸膜炎或腹膜炎，那就有生命危险。医生只好让人到30千米以外的山上，找些冰块放在周恩来的肝区上缘冷敷，每天从上午10点敷到下午6点，使脓肿不至于向胸部扩展。此外，再没有别的办法。

关键时候，组织决定把邓颖超从干部休养连接来，一起护理周恩来。邓颖超在长征开始之前就患了肺结核，经常低烧，痰中带着血丝，身体状况也不好。她来到周恩来身边时，周恩来睡在一张小木板床上昏迷不醒。邓颖超只好在床边的地上铺点草睡。

见丈夫生命垂危，邓颖超泪如雨下，不停地给周恩来敷冰块。医生束手无策，大家干着急。

邓颖超将周恩来脱下的灰色毛背心拿起来看看，发现毛背心里有许多虱子，有的还活蹦乱跳的。她捉啊捉啊，竟捉了170多只虱子，挤虱子的血把她两个指甲都染红了。她看着满手的血渍，心如刀割……

终于，与病痛经过一番生死搏斗，周恩来苏醒了，他眼睛睁不开，嘴里在不停地说肚子痛……邓颖超俯在他耳边，激动地轻声说："恩来，我是小超。"

周恩来清醒后，看到邓颖超坐在身边，一开始感觉很意外。他又很快意识到自己不知昏睡了多久，心里一惊，怕自己耽搁了战事，醒来第一件事就是让人给一、三军团发电报，督促作战计划执行。

8月11日上午，周恩来在邓颖超和医生的帮助下起身大便，竟然排出了半盆子棕绿色的脓水。这是由于肝脓肿已和横结肠粘连在一起，脓肿破后，脓从肝脏通过肠子排了出来。脓排出后，他的高烧也慢慢退了下来。

幸好肝脓肿和横结肠粘连，脓肿破裂后是通过肠子排泄的，若脓肿破裂积于腹腔，以当时的条件是完全不可能救治的。这一生命奇迹的出现，使周恩来的病情日渐好转，但他的身体还很虚弱，他还不能走路。他未能参加8月20日中央在毛儿盖召开的一次会议，部队第二天就要开始北上过草地了。

为确保周恩来能走过荒无人烟的"死亡谷"沼泽地，中央为周恩来组织了40人的担架队，彭德怀命令三军团参谋长萧劲光负责，陈赓自告奋勇担任担架队队长。

在担架队向大草地进发的过程中，周恩来不愿看到同志们抬担架磨破双肩受苦，步履艰难地跋涉，几次挣扎着从担架上跌下来，坚持要自己走。然而，他身不由己，一步一跌倒。此情此景，让担架队的同志们都流下了眼泪……

周恩来病情稍好转，就坚持自己走，但一直由担架队陪护着，最终走出了茫茫草地……

24 | "那怎么能行"

在长征路上,周恩来同张云逸、几个参谋还有警卫员是一个党小组的。他们过了雪山,到了两河口一带,大家选警卫员魏国禄担任党小组组长。

小魏刚开始不敢担任,上有周恩来,下有参谋,他感觉压力大。

周恩来亲自找他谈话:"大家选你当小组长,就相信你一定干得了。我们既然同意你当,就会服从你的领导。今后小组有什么问题,可以大家来商量嘛。"停了一会儿,见小魏还犹豫,又问,"怎么样,同意不同意我的意见?"

小魏只好答应试试看。

小组选举后,根据支部书记康克清的意见,要开会研究小组的任务。周恩来发言说,党小组近期的主要任务是大家要发扬阶级友爱精神,互相帮助,保证长征途中没一个同志掉队。最后决定把"保证一个不掉队,严格遵守'三大纪律八项注意'"当作小组今后一段时期内的主要任务。

在长征中,周恩来是"三人团"团长,工作很忙。有些小组活动,小魏怕打扰他,影响他决策,不敢请他参加。一次吃饭时,周恩来主动问小魏:"小组长同志,我们为什么很长时间不开党小组会呢?"

"开过啦。看到首长很忙,没有通知你。"小魏实话实说。

"唉,那怎么能行!我是个党员,应当过组织生活。如果确实有事不能参加,我自己可以向你请假,你不通知我可是你的不对呀。"

听到周恩来这么说,小魏知道问题严重了。过去总以为首长有很多军机大事要处理,少开一两次小组会算不得什么。受到周恩来如此严肃的批评,他心里有点儿想不通。周恩来见他低头不语,又改用亲切的语气说:"在我们党内,每个人都是普通党员,谁都要过组织生活,这是党性问题,你明白吗?以后开会一定要通知我啊。"

小魏吸取了教训,以后每次都通知周恩来参加小组会。周恩来每次都认真检查自己一段时间来工作和生活上存在的不足,甚至对于出现的问题,也要听取同志们的意见,提出以后工作上的建议。

这个党小组,齐心协力确保完成在长征路上的任务:大家都到达陕北目的地,没有一个人掉队。

一次,周恩来在杨家岭办公,见小魏在搞卫生,一边办公一边问:"小组长,这个月党费我还没交吧?"

"已经交了,我代首长交了5分钱。"

"你交是你的,党费怎么可以让别人代交呢?"

"首长集中精力忙国家大事,我们代交还不是一样吗?"

"国家大事重要,交党费也重要。因为这是每个党员的义务。"周恩来边说边从抽屉里找出5分钱,严肃认真地交到小魏的手上。

25 | 撤离瓦窑堡

"砰砰砰，砰砰……"

1936年6月21日早饭后，中共中央机关准备撤离瓦窑堡，周恩来已经做好了撤离准备，等待毛泽东一起出发。这时却突然传来一阵枪声。

1936年5月，蒋介石严令东北军向北推进，消灭红军。这时，中共中央已与东北军建立了抗日统一战线，但尚未公开。而东北军又不得不接受蒋介石进攻红军的命令。中共中央为了避免内战，6月14日决定让出中共中央驻地瓦窑堡给东北军，中共中央机关向保安县（后更名为志丹县）转移。

在部署转移时，中共中央将守卫瓦窑堡的卫戍部队调往了前线，特别监视绥德一线的汤恩伯部队。中共中央因对东北军、西北军已有默契，未加防范；因对北面的高双成部已知态度，也没派兵牵制。

不料，高双成部的一个骑兵营长，得知中共中央撤离瓦窑堡，东北军又未进入瓦窑堡，想乘机打劫来抢点物资。营长带一营骑兵，还勾结了一千多人的地主武装，偷袭来了。当时，中央领导们都还没有转移，身边只有机关工作人员组成的警卫连和保卫队八十几个人，来敌多于我军几十倍，情况十分危急。

瓦窑堡这座城，依山而筑，山在城里的一半叫米粮山，在城外的一半叫龙虎山。控制了米粮山就控制了城内的制高点，便可以控制全城。这时，敌军大部队逼近米粮山。红军大学的学员虽然也同保卫队上了米粮山，但是他们有的没枪，有的只有短枪。敌人火力密集，还夹有手榴弹的爆炸声，有的子弹已经打到中央院子里的枣树上了。防线被突破，敌人冲上来了。

周恩来听了张云逸的汇报后，立即来到毛泽东住的窑洞，催促毛泽东动身离开。这时，张云逸骑马过来，报告说："前边打得很激烈，敌人已攻进街巷……请周副主席和毛主席先走，我殿后。"

周恩来神情严肃，对毛泽东说："主席，你该走了！这里，我和张胡子断后。"

毛泽东见势不妙，说道："好。恩来，你们也不可久留，要赶快离开。"

从毛泽东居住的院子出来就是十字路口，周恩来领队把住路口，掩护张闻天、毛泽东等一行向南拐弯，撤出瓦窑堡南门。

毛泽东一行沿着山沟的小道南撤，忽地有人发现山上有一队背长枪的敌人正走下山来。警卫员都立即警戒起来，子弹上膛，刀出鞘。这时，周恩来从后边赶来，他低声说："不要紧张，快速隐蔽前进，摆脱敌人！"

毛泽东一行顺着沟底小路，借荆棘、荒草、野蒿的掩护脱离了危险。几天后，他们安全到达保安县。

周恩来沉着应战，亲自殿后，机智、勇敢地指挥中央机关，成功按原计划从瓦窑堡转移，安全到达保安县中共中央驻地。

26 | 西安事变

1936年12月12日，爆发了震惊中外的"西安事变"。

张学良、杨虎城不满蒋介石"攘外必先安内"的错误政策，以国家和民族大义为重，发动了武力逼蒋介石抗日的军事行动，在西安把蒋介石扣留起来，实行"兵谏"。

事变后，张学良、杨虎城一边联名通电全国，说明发动事变"完全是为了国家前途着想，不是为个人利益打算"；同时还提出有关抗日救国、停止内战、改组南京政府、遵行总理遗嘱等政治主张。

"西安事变"在国内引起强烈反响，南京方面惊慌失措，一片混乱。各省实力派态度不一，世界各国也在各打各的算盘。

张学良、杨虎城面对国内外错综复杂的形势，急电毛泽东和周恩来，恳请中共速派代表前来西安"共商大计"。中共中央决定派周恩来、博古、叶剑英组成代表团赴西安解决事变。

由于抗日政见相似，张学良颇为同情共产党，并与周恩来有过接触。1936年4月9日晚上，在肤施（今陕北延安）的一座天主教堂内，周恩来应邀与张学良举行首次秘密会晤。因为张学良是东北人，周恩来从小又在东北长大，两人又同为张伯苓的学生，见面说了几句话后，他们就拉近了距离。谈话中，张学良知道共产党有原则性也有灵活性，只要蒋介石放弃"剿共"，一致抗日，共产党可与国民党恢复旧日关系，并接受蒋介石为抗日领袖。

张学良高兴地说："你们在外边逼，我在里边劝，我们对蒋介石来个内外夹攻，一定可以把他扭转过来。"

"逼蒋抗日，内外夹攻"是两人达成的共识。两人还达成"君子协定"，协定内容包括红军与东北军互不侵犯、一致抗日、互派代表、互相通商、培养干部以及联合苏联等。会谈后，张学良赠送周恩来一本《中国大地图》，还捐赠大洋2万元、法币20万元，表示对红军的心意。

首次会谈，双方都很满意。周恩来对在场的李克农说："想不到张学良是这样爽朗的人，是这样有决心有勇气的人。"张学良也对他人说："肤施会谈，我太满意了，中国的事从此好办了。"张学良后来还对中共驻东北军代表刘鼎说："我结识了最好的朋友，真是一见如故。我从未见过这样的人，周先生是这样的友好，说话有情有理，给我印象很深，解决了我很多的疑难，我要早见到他多好呀！"

张学良的老家东北正被日本铁蹄蹂躏，父亲也被日军炸死，家仇国恨积压于一身，抗日的决心溢于言表。但周恩来并没有想到张学良的行动会这么快且如此到位。西安事变是中共事先未能预料到的。

张学良是国民党军队副总司令、东北军总司令，他与蒋介石的个人关系既是拜把子兄弟，又是下级与上级。他曾多次劝蒋介石认清形势，顺应民意，停止"剿共"，一致抗日。然而，蒋介石却严词拒绝，说什么"在杀尽红军，捉尽共匪之前，决不谈抗日的事""现在就是拿枪打死我，我的剿共计划也不能改变"。蒋介石还坐镇西安，逼令东北军和西北军全部开赴陕北"剿共"。于是张学良、杨虎城两位将军别无选择，断然于12月12日凌晨，在西安扣留了蒋介石及随行的一批军政要员，同时解除了驻在西安的蒋介石卫队和蒋系人马的武装。

12月17日，周恩来等20人组成的中共赴西安工作代表团抵达西安。蒋介石被捉的消息传到延安时，大快人心，那屠杀无数共产党人和革命群众的刽子手被擒，新仇旧恨涌上心头，"报仇雪恨，杀了蒋介石"的呼声高涨。毛泽东和周恩来等党中央领导人对此却非常冷静，应西安方面邀请后经反复磋商研究，确定了和平解决西安事变的方针，说服蒋介石停止内战，力争国共再次合作，建立抗日民族统一战线。

西安事变有两种前途：一是说服蒋介石，团结抗日，只要他同意停止内战，一致抗日，就拥护他做全国抗日的领袖；二是蒋介石拒绝谈判，那就宣布他的罪状，公审处置他。前者是最理想的结果，后者将引起大规模的内战，给日寇可乘之机。蒋介石虽被扣留，但他的实力仍然存在，因此对蒋介石的处置要十分慎重。要力争好的前途，避免坏的前途。要采取说服蒋介石的方针，这一点，中共中央的态度同张学良的方针原则是一致的。周恩来到西安当天就同张学良彻夜长谈。

12月18日上午，周恩来一行到止园拜会杨虎城。杨虎城是国民党第十七路军军长、陕西省主席。周恩来同他讲了中共中央和平解决西安事变的方针，以及同张学良会谈的情况。杨虎城非常惊讶，他原先估计，经过10年内战，血海深仇，中共不会同意放蒋介石。他大声对周恩来说："难道你忘了蒋介石屠杀了多少人吗？"周恩来对杨虎城晓之以理，动之以情，耐心地说服。杨虎城没想到中共如此顾全大局，不计前嫌，以德报怨。他也坦率地说出了自己的顾虑，担心蒋介石阴险狡诈，被释放后翻脸报复。周恩来对他说，只要东北军、西北军、红军"三位一体"，团结一致，就不怕蒋介石报复。

西安的形势更是非常严峻，东北军、西北军的官兵义愤填膺，一致要求把蒋介石杀掉；南京亲日分子指挥的"讨伐"大军逼近潼关，大规模内战一触即发。周恩来夜以继日地工作，整天不是同张学良、杨虎城谈话，就是和东北军、西北军的军官谈话，给大家分析形势，阐述中共关于抗日民族统一战线的主张。

周恩来、张学良、杨虎城在取得共识的基础上，共同拟定了和平解决事变的条件：停止内战；援绥抗日；改组南京政府；成立抗日联军；释放政治犯，实行民主，召开救国会议。三方还商定，如果南京亲日分子敢趁机挑起大规模内战，务必结成"三位一体"，采取坚定的防御方针。

南京方面主和派代表人物宋子文和宋美龄得知张学良、杨虎城发动西安事变是为了促蒋抗日，停止内战，并无加害蒋介石之意，先后飞临西安调解。周恩来两次会见宋美龄，说明中共未参与这次事变，事变发生后，中共主张和平解决的事实和方针。宋子文大感意外，回南京宣传赞赏中共方针，告诉大家蒋介石很安全。他赞扬周恩来说："南京有谁能承担这样的风险营救蒋委员长？相反，还有人要轰炸！"宋美龄向周恩来表示赞成停止内战，不要擅用武力解决事变，要以政治方式解决内政问题。

最后各方达成以下原则协议：（1）改组国民党和国民政府，驱逐亲日派，容纳抗日分子；（2）释放上海爱国领袖，释放一切政治犯，保证人民的自由权利；（3）停止剿共政策，联合红军抗日；（4）召集各党各派各界各军的救国会议，决定抗日救亡方针；（5）与同情中国抗日的国家建立合作的关系；（6）实行其他具体的救国办法。

12月24日晚上8点，周恩来在宋氏兄妹的陪同下，来到高桂滋公馆。周恩来进屋时，蒋介石正躺在床上，他见到周恩来先有些紧张，而后勉强欠身起来，请周恩来坐下。

周恩来先开话匣子："蒋先生，我们有10年没有见面了，你显得比从前苍老些。"

蒋介石的假牙在华清池狼狈逃跑时丢失了，满嘴没牙，更显苍老。蒋介石叹口气，说："恩来，你是我的部下，你应该听我的话。"

周恩来针尖对麦芒，说："只要蒋先生能改变'攘外必先安内'的政策，停止内战，一致抗日，不但我个人可以听蒋先生的话，就连我们红军也可以听蒋先生的指挥。"接着，周恩来简明阐述了中共当前的主张，明确地对蒋介石说："所有这些你都知道，你也清楚没有别的路可走。"

蒋介石最后当场作了三点表示：（1）停止剿共，联红抗日，统一中国，受他指挥；（2）由宋子文、宋美龄、张学良全权代表他与周恩来解决一切；（3）他回南京后，周恩来可直接去谈判。与蒋介石会谈大约持续了一个小时，临别时，周恩来又提到了蒋介石在莫斯科学习的儿子蒋经国是爱国的，希望蒋介石领导全国抗日斗争，并提出愿意帮助蒋经国返回国内。

宋美龄说："以后不剿共了，这次多亏周先生千里迢迢来斡旋，实在感激得很！"

周恩来回到张公馆时很兴奋，连夜向党中央和毛主席报告谈判的成果。然而，就在谈判成功的同时，发生了意外。宋子文请求西安方面让蒋介石、宋美龄在25日离开西安回南京。宋美龄也要求在25日圣诞节前返回，取个"吉利"。周恩来认为走前应该有个政治文件来表示，不赞成蒋介石25日走，更不赞成张学良亲自送。

由于东北军高级将领们争论激烈，不放蒋、要杀蒋的呼声还在，张学良生怕把控不住而出大事，于25日下午3时许，他拉着杨虎城瞒着他们的部下，也未通知周恩来，就陪着蒋介石夫妇和宋子文悄悄离开驻地，直奔机场。

当周恩来赶到机场时，飞机已经起飞。周恩来只好叹息地说："张汉卿（张学良字汉卿）就是看《连环画》那些旧戏中毒了，他不但要'摆队送天霸'，还要'负荆请罪'啊！"

蒋介石离开西安后果然翻脸不认人。张学良一下飞机立即被军统特务控制，从此失去了人身自由，遭到长期的软禁。

蒋介石回到南京后，立刻下令将杨虎城、于学忠两人撤职留任，调集五路大军共37个师向西安进发。他致力于摧毁西安"三位一体"的政治格局。东北军40多名军官一一签名，在张司令（即张学良）回来之前，与逼近的中央军决一死战。

1937年2月2日，东北军主战的少壮派杀了主和派的王以哲军长等人，"二二事件"让西安笼罩在一片恐怖之中。少壮派自以为杀了王以哲就可以同中央军开战，救出张学良。王以哲是东北军中很有威望的将领，他被杀的消息传到前方，激起官兵义愤，师长刘多荃命令部队要为王以哲报仇。周恩来急派中共东北军工委书记亲临前线做工作，表明中共对事件的态度，制止了新的事件。可是东北军元老派刘多荃部队进西安后，为了泄恨，还是把杀害王以哲的凶手杀了，还误杀了一位旅长。

"二二事件"破坏了东北军内部的团结，削弱了东北军、西北军、红军与蒋介石谈判和营救张学良的力量。这几天是周恩来在西安事变期间最困难、最紧张、最危险的日子。周恩来急火攻心，眼睛熬红了，鼻子在出血。他找杨虎城及东北军将领，要做少壮派的工作，同时也有很多人来找他。就这样，他不分日夜连轴转，往往是和衣而睡，连皮鞋也不脱，来人了或中央来电，让人随时叫醒他。

2月8日，国民党特务还在西安城内到处张贴"攘外必先安内"等反动标语，攻击西安事变。周恩来又去会见蒋介石新任的西安行营主任顾祝同，唇枪舌剑，责令他们于第二天将满街的反动标语清洗干净。

2月9日，西安成立了红军联络处。周恩来继续留在西安工作，担负国共正式谈判的艰巨任务。又经过一个月的努力，3月8日，中共代表团与国民党代表初步达成了"三八协议"。

3月28日，周恩来与杨虎城等乘机赴杭州，与蒋介石直接谈判，最终达到了西安事变和平解决的目的。

27 | 政治部第三厅

日本帝国主义大举侵华，北平、上海、南京相继失守……中华民族处在生死存亡的危急关头。北平数万学生往南流亡，他们沿途用各种形式宣传抗战，最后到达长江重镇武汉。上海许多文化艺术界名流，组成10个救亡宣传队也来到武汉。南京和广州的学生以及文艺界人士纷纷北上抗日，也云集武汉。像北伐战争时期一样，武汉一时成为中国的政治文化中心。满怀壮志的各方英豪，在武汉整装待命。

抗战初期，周恩来担任国民政府军事委员会政治部副部长。从表面看蒋介石安排了共产党领导人在军事部门任职，实则不给实权，掩人耳目而已。周恩来却积极利用这块招牌来做点儿有利于抗日的实事。政治部的第三厅专管文化宣传，是个重要的阵地。周恩来充分发挥这一阵地的作用，向全国军民宣传抗日，唤起民众的爱国热情。这个厅的厅长职务需要一位有威望、有号召力、有才华的人担任。周恩来想到了郭沫若。郭沫若在1924年大革命及南昌起义时期，都与周恩来是战友，后来因为1927年写了一篇《请看今日之蒋介石》的檄文，被蒋介石悬赏3万元缉拿，只得出走避难。抗战开始，郭沫若回国赴国难。周恩来找到郭沫若商谈第三厅厅长之事。不料郭沫若一口回绝："我不愿当国民党的官,即使当了也受约束,做不了实事。"周恩来再三争取无果,只好说了几句重话:"你不当三厅厅长,我当这个副部长毫无意义。我俩调个位置,我当厅长行不行啊?……"几经周折,郭沫若才答应担任第三厅厅长这个职务。周恩来以此为契机,把当时已聚集在武汉的文化英杰,尽可能请到第三厅里来,共同为民族生存、抵抗侵略而尽力。当时有胡愈之、张志让、田汉、洪深、范寿康、冯乃超、阳翰笙、冼星海、应云卫、张光年、马彦祥等先后进入第三厅工作。第三厅让众多的人才有了用武之地。

1938年4月,第三厅成立后不到10天,周恩来发表了《怎样进行二期抗战宣传周工作》的文章,并与郭沫若及第三厅人员共同研究如何做好工作并扩大宣传效果。最后,提出的要求是:口头宣传具体生动,艺术演出通俗易懂、深刻感人。宣传周共6日,每日都有主要项目:戏剧日、电影日、美术漫画日、游行日等。4月7日,周恩来在宣传周开幕式上发表动员讲话,号召抗战宣传要深入,并要求把宣传周扩大到全国去。这时正好鲁南台儿庄大捷的消息传到武汉,一扫自南京失守后不少人失去胜利信心的低沉气氛。周恩来与郭沫若商议立即派宣传人员赶往台儿庄慰问前线将士,鼓舞士气。

在宣传周,艺术家们在汉口市通衢大道演出街头短剧,学生们发表演说,画家们的漫画贴满街头。入夜,在长江之上,武汉三镇之间,抗日画灯火炬和几百条船组成的歌咏队,绵延数里;抗日歌声响彻云霄。人民的抗日情绪热烈高昂,为多少年来所少见,新闻媒介的传播更是将这种昂扬的情绪传遍全国各地。

在日军侵华势力逼近武汉时,为了既保护好这支队伍,又充分利用好这支文化大军,周恩来与文艺界商议,将聚集在武汉的文艺大军进行整合。

一部分人由政治部第三厅组建10个抗日救亡演剧队,分赴各地,包括国民党管辖的各战区及抗日军队所在地，深入开展抗日宣传活动。参加过救亡演剧队的知名艺术家，有张光年、崔嵬、张瑞芳、丁里、王唯一、吕复、田冲、夏淳、朱琳、胡宗温等数百人。周恩来给演剧队员做动员报告，鼓励他们坚定抗日的信心和决心，并提出演剧队不仅是抗日宣传队，而且是深入群众的工作队。救亡演剧队迅速分散深入各战区及敌后。无论抗战时期的环境多么困难，他们始终坚持抗日工作，直至抗战胜利。

另一部分人则辗转到达延安，如吕骥、陈荒煤、蔡若虹、张庚、崔嵬、田方、水华、舒强等。这批力量后来成为延安鲁艺创办期及其后来发展期的老师或学生，是一支优秀的文艺队伍。

还有一部分人则是在武汉失守后，经长沙入重庆或去桂林，留在国民党统治区继续战斗。

1940年，国民党内部公布了"限制异党活动办法"，掀起三次反共浪潮，不仅限制全国抗日民主活动，甚至迫害抗日民主人士。特别是1941年皖南事变之后，事态发展更为严重，许多抗日志士和文艺家都上了特务的黑名单。周恩来一面与国民党内的投降派做斗争，一面又与坚持抗战的民主党派共商对策，还要疏散隐蔽保护的大批民主人士和文艺界朋友。

为有效开展各种文化宣传，周恩来为这支文化大军精心组织了各种门类的文化团体。

首先，周恩来同阳翰笙提出成立"中华全国文艺界抗敌协会"（简称"全国文协"）。谁来当这个团体的头儿呢？周恩来想到了满怀爱国激情的老舍。那时老舍住在冯玉祥将军家中，周恩来亲自去冯将军家中拜访老舍。这是一个完全民间性的组织，由老舍以总务长的名义领导工作。筹办之初没有经费，周恩来争取到了冯玉祥将军的捐赠。1938年3月，全国文协宣告成立，周恩来和冯玉祥被选为荣誉主席。武汉失守后，总会迁到重庆。茅盾、冰心、巴金都踊跃参加全国文协的各种活动。同时，协会在全国各地成立了分会。在延安成立了由丁玲领导的"陕甘宁边区文艺界抗敌协会"。

　　周恩来曾是南开学校的优秀话剧演员，在学生时期就与京剧大师梅兰芳有一面之谊，并亲领梅兰芳在话剧上的教益。周恩来认为话剧最富于群众性和政治性，因此他又积极支持戏剧方面的工作，筹建了第一个民间职业话剧团"中华剧艺社"，并从各方面支持夏衍、司徒慧敏、金山等建立"中国艺术剧社"。"中国万岁剧团""中青剧社""中电剧团"，这些剧团虽是国民党旗下的组织，但其中的许多导演、演员、舞台工作人员都是爱国进步人士，周恩来能注意团结争取他们，充分发挥他们的作用，为抗战宣传作出贡献。周恩来抓工作具体到位，细心入微，他关注团体演出的每一个剧目，注意新创作品的思想性和艺术感染力、感召力，他亲自审阅了的剧本还要观摩，重要剧目还不止观摩一次。他到剧场看过数十场话剧演出，并走进观众中询问演出宣传效果，最后提出修改意见共同讨论，公演后还要组织撰写评论文章扩大影响，使文艺演出的爱国宣传效果最大化。1941年及1942年冬，重庆演出了《天国春秋》《屈原》《法西斯细菌》《结婚进行曲》《北京人》《风雪夜归人》等数十出新创作的话剧，深受观众欢迎，大家称之为雾季重庆演出的高潮。这在中国话剧历史上也是少有的。周恩来在这段话剧热潮中，为全国抗战宣传倾注了大量心血。

　　全国文协总会和各地文协、剧协等，在抗日战争期间，团结了文艺界一切可以团结的力量，这支不拿枪的文化军队，推进了全国抗日文化救亡运动，让全民抗日形成了势不可当的潮流。

28 | 莫斯科治伤

1939年7月10日,周恩来到中央党校去做报告。因为延河水涨,就骑马前去。途中,周恩来骑的马受惊,把他摔了下来。他的右臂撞在石崖上,造成粉碎性骨折。警卫人员立刻赶上去,周恩来已经自己站起来,用左手扶着骨折的右臂,痛得紧咬牙关。

周恩来忍着巨大的疼痛,步行来到党校会客室。由中央卫生处派来的医生做了简单的包扎后,他就走上了党校讲台上课。

等坚持到上完课走下讲台,周恩来已经快痛晕过去了。被抬到学校医务室后,他躺在那里浑身冒冷汗,脸色苍白。经印度医生巴苏大夫治疗,他的右胳膊被打上了夹板。

受当时医疗条件的限制,周恩来的右臂没能够长好,肌肉也出现萎缩,右臂不能伸直。毛泽东看着周恩来僵硬的右臂,说:"恩来,你到苏联去接受最好的治疗。"周恩来摆摆左手,说:"主席,现在任务重,走不开呀!"毛泽东说,"边治疗,边工作嘛,我们也需要你去与斯大林见见面,与共产国际联络一下,讲讲中国抗日形势,顺便了解欧洲情况。恩来啊,斯大林和希特勒签订了协定,并与侵占东西伯利亚和中国北部的日本磋商着签订中立协议。我们需要了解苏联的意图,评估形势,做出我们的对策啊。"

周恩来接受了毛泽东让他去苏联治疗的建议。这时，蒋介石的儿子蒋经国告别了生活了12年的苏联，因西安事变的和平解决而顺利回国。蒋介石为了向苏联示好，派出了他的私人飞机送周恩来直飞迪化（今乌鲁木齐）。这是一架美国的道格拉斯飞机，有24个座位。周恩来到迪化后，再由苏联方面派出的飞机接往莫斯科。周恩来、邓颖超及其养女孙维世和王稼祥、陈昌浩，还有共产国际驻中共军事专家李德，以及刘少奇的子女刘允斌、刘爱琴，高岗的儿子高毅，陈伯达的儿子陈小达同在飞机上一起前往。

这次周恩来到苏联治伤，毛泽东还交代了两件要紧的任务，其中一件就是将德国军事顾问李德"捎"回共产国际。

到了新疆，为了缓和中共代表与新疆省政府主席盛世才的关系，周恩来带伤会见了盛世才四次。

那时，盛世才因未能加入中国共产党，跑到苏联获斯大林同意秘密加入了苏联共产党，自以为势力大，对中共采取限制和敌视的政策。中共驻新疆代表邓发曾因盛世才违背"六大政策"的言行与其做过坚决的斗争，因此，两人关系紧张。

周恩来在这个微妙时刻，带伤与盛世才会谈，危险性可想而知。双方见面时，周恩来的贴身警卫高度紧张，腰中揣着两支手枪，与周恩来形影不离，就是睡觉也睁着一只眼，不敢有一丝松懈。

1939年9月中旬，周恩来到达莫斯科。9月14日，他住进克里姆林宫医院，19日施行手术。这是一次小手术，只切除了一小块突出的骨头。过了一周之后就拆线，经检查伤口已全部愈合。从拆线的第二天开始新的疗程，主要是按摩、烤电、运动和浴疗，目的是使受伤的手臂逐渐恢复运动功能。这种治疗过程并不比做手术轻松，有时在注射麻药后，医生要把他的胳膊强行按在一定的角度上加以固定，痛苦异常，特别是在麻药失效后,疼痛难忍。按摩也是如此,但是周恩来都以极大的毅力坚持了下来。

按照医生的估计,周恩来的手臂将可以弯曲45度。经过了一周卓有成效的治疗,他的手已经可以移动,手部的颤抖也减轻了。邓颖超当时就感觉到:可以肯定,尽管周恩来以后手臂的弯曲程度要比预料得大些,但是要完全恢复将是不可能了。

在莫斯科治病期间,周恩来在医院里也密切关注国际形势和有关中国情况的报道,读了大量文件和资料,其中包括共产国际执行委员会的文件,还会见了中共驻共产国际代表。他的成功交涉,使遭到诬陷而被苏联内务人民委员部逮捕的李立三获释出狱。

周恩来出院后和王稼祥一起多次会见共产国际执行委员会书记处的工作人员,商谈干部问题,并为共产国际执行委员会主席团起草关于中国共产党的工作报告。报告详细介绍了边区政府的工作,八路军、新四军的作战和国共统一战线的情况。报告指出,汪精卫投靠日本以后,国民党领导层投降情绪加重。同时,主张打反共内战的势力越来越大,国民党精锐部队胡宗南正在封锁边区,华中的新四军和山东的游击队都被武装攻击,等等。

周恩来曾几次会见季米特洛夫,打消了共产国际一些领导人的顾虑——他们担心中国共产党会因为把工作重点从城市转移到农村而远离工人阶级。周恩来讲述了在城市中开展工作的困难,介绍了中国共产党长期以来在农民中间成功开展工作的传统,并向他们保证,中国共产党在毛泽东的领导下,正在一步步无产阶级化。他向季米特洛夫通报了王明放弃中共在抗日统一战线内部的独立自主、主张与蒋介石无条件合作的错误。周恩来还参加了共产国际对李德问题的审查,了解了共产国际各支部的工作情况,会见了共产国际的一些著名的活动家,并在高级党校讲课。

11月7日，为纪念十月革命22周年，周恩来写了《帝国主义战争与民族解放战争》一文。文章就共产国际六大决议案所说的帝国主义战争的三种形式（进攻苏联、帝国主义相互之间、侵略弱小国家）指出，第一种没能实现，第二种正在进行，弱小国家已经先后成为帝国主义侵略的牺牲品，只有中国站在反侵略的最前线。共产国际由此发表宣言，表示"日本帝国主义毒害中国已达两年之久，中国正在为独立而战，共产国际援助为解放而战斗的弱小民族"。

12月29日，周恩来为共产国际撰写的《中国问题备忘录》完稿，全文共5.5万字。备忘录详细介绍了中国抗日战争的现状，汇报了中共各方面及八路军、新四军的工作，并指出中共目前遇到一系列困难，主要是由国民党的反共、投降和腐化，加上日本侵略者的诱降、英法的妥协造成的。备忘录还系统介绍了抗日战争中中国抗日统一战线的情况。

出院后，周恩来又根据备忘录向共产国际执委做了一次口头报告，共产国际执委对这份报告很感兴趣。这份报告后经修改以《中国抗战的严重时机和目前任务》为题发表在1940年4月出版的《共产国际》上。当时，斯大林为平衡苏共同中国国民党刚修复的关系，还没有会见周恩来，但周恩来的报告已引起了斯大林的重视，经过一二十天的研究讨论，以共产国际名义做出了《共产国际执委会主席团关于中共代表报告的决议案》。决议案肯定了中共的政治路线。执行委员会主席团指出，中共组织抵抗日本侵略及为争取中国人民民族解放战争的胜利所做的努力，不论是对中国人民还是对别的国家的劳动者——特别是对殖民地和附属国人民，都有着巨大的意义。共产国际执行委员会主席团向共产国际各支部提议：展开最广泛的同情和支持援助中国人民的抗日斗争的运动，并把这一运动同国际无产阶级反对帝国主义战争的斗争结合起来。

1940年1月8日，周恩来在共产国际执委会书记处会议上，做了关于中国青年运动的报告。1月28日，周恩来受中共中央委托致信斯大林，信中指出，由于国民党内投降、分裂倾向加剧，国共统一战线正面临危险。

从1939年9月至1940年2月，周恩来在苏联待的6个月时间里，在治伤的同时，更是医治好了共产国际的心病。因为共产国际当时还不十分相信毛泽东农村包围城市的革命理论。周恩来将毛泽东1939年9月1日《关于国际形势对新华日报记者的谈话》带到共产国际，共产国际对此很赞同，说中共领导正确，并表示非常支持。

周恩来在苏联期间，同任弼时一起就中共七大的召开时间、人选及人员安排问题，重新进行了慎重而全面的研究，他们的意见也得到了中共中央原则上的赞同。

周恩来这次在苏联还有一项重要的工作，就是保护好革命的后代。当年他在白区经常做的一件事，就是搜寻烈士遗孤，安排抚养。他常说：不这样我怎么能对得起他们的父母？他在延安时亲自安排将瞿秋白、蔡和森、苏兆征、张太雷、赵世炎、王若飞等烈士的子女送到苏联上学。他在与斯大林会谈时提出了一个保护要求：这批子弟在苏联只求学，不上前线。可见周恩来的一番苦心。

这次在莫斯科，周恩来代表毛泽东对李德在中国犯下的种种错误提出了控诉，并向共产国际转达了毛泽东的要求，将李德从第三国际驱逐出去。

遵义会议后，中共从危亡中走出来。一次次战役的胜利，使李德渐渐地认识到了自己的错误，态度逐渐转变。红军长征至四川巴西地区时，李德已调到新组建的红军大学当教员。到延安后，李德不再被邀请参加中央的任何会议。回到苏联后，由于在指导中国革命中犯下重大错误，李德被审查。之后，他被分配到苏联外国文学出版社从事编译工作，从此再也没有到过中国。

1940年春天，周恩来回国，带回了一架电影放映机和五部苏联电影胶片，其中有《列宁在十月》《列宁在一九一八》《夏伯阳》和《高尔基的青年时代》等。当时延安还没有人会放电影，周恩来亲自承担电影放映工作，与毛泽东一起讨论这些苏联电影，并将俄语对白翻译成中文。

回国后，周恩来的右手臂虽然并没有完全治好，但曲在胸前的手，为他诚挚、谦逊、勤俭的风度加分不少。

29 | 重庆谈判

抗日战争胜利后，慑于全国人民和国际舆论强烈反对内战的压力，蒋介石连续给中共发了3次电报，特邀毛泽东亲自去重庆谈判，共商国是。

蒋介石这样做，表面上看起来是以"国家利益"为重，实际上只是一个姿态，是为了做给大家看，以抢占舆论制高点。共产党为揭穿蒋介石假和平的面具，同时为表达争取和平的真诚愿望，8月23日，中共中央政治局召开扩大会议，决定派毛泽东等飞赴重庆谈判。

一听说毛主席亲赴重庆同蒋介石谈判，延安和各解放区军民都非常担心。中国历史上曾经有过许多"鸿门宴"的故事，蒋介石对李济深、胡汉民等人的手段，让人们记忆犹新。就在毛泽东决定动身的时候，重庆方面重要人士传话来表达担心，范文澜夫人要吴玉章转告毛泽东，劝他千万别去。

8月28日清晨，延安机场早早聚集了上千名干部、工人、学生的送行队伍，晌午时分，人们心中压着一块石头，沉重、炽热、焦虑地目送毛泽东、周恩来、王若飞一行登机起飞……

周恩来曾经很自信地对身边的副官何树英说："近20年来，蒋介石没一天不想杀绝我们。20年杀不了，这一次更杀不了。毛主席亲自赴重庆谈判，延安轰动，重庆轰动，解放区轰动，大后方轰动，全世界都轰动了。蒋介石杀人的胆子没有毛主席不怕杀的胆量大哟。毛主席是为了全民族、全人民的利益不怕牺牲；蒋介石冒天下之大不韪，他没这个胆！"

周恩来话虽这么说，但在飞机起飞之前，他对毛泽东的安全就十分警惕。他为毛泽东挑选贴身警卫，费了一番心思："要有龙虎之士，龙虎之士哟……"他决定：毛泽东的贴身警卫由陈龙和龙飞虎负责，颜泰龙跟随自己行动。周恩来不离毛泽东左右，同车、同住、同食。每次出席活动，周恩来都紧挨毛泽东，左右身后是处于高度警戒状态的"三条龙"。

毛泽东的到来，使整个重庆沸腾了，让处于国民党统治区的人们充满了希望。无数工人、学生和民主人士等热烈地欢迎毛泽东一行。

毛泽东到达重庆的当天，蒋介石便设宴款待毛泽东。毛泽东第一个晚上就住在歌乐山蒋介石的公馆里。这是基本可以放心的，蒋介石就算急疯了也不敢在他家里伤害"客人"。

第二天，毛泽东住到了红岩村。红岩村是重庆的郊区，这里环境清静，便于保卫，但进城有一段路程。陪毛泽东走过这段路程的是陈龙和龙飞虎，后面还跟着两辆吉普车，坐有一个班的国民党宪兵。一开始有人对此不理解，很担心这些宪兵，周恩来却说："你们考虑的不对。这是在他们的地方，他们是主人。我们管不了，防不胜防，让他们的宪兵来管更安全。"

毛泽东住在红岩村的当天，周恩来向何树英和蒋泽民郑重交代："从红岩村住地到公路有一里远。这一里路就由你们两个人负责接送和安全保卫。离开这一里路没你们的事，在这一里路内出事，你们俩要负全责，懂吗？"

何树英他们感觉到责任重大，盯着周恩来问："起点……终点……要明确一下才好。"

周恩来说："出了红岩村的屋门就归你们负责，主席上车后，你们把主席交给了国民党宪兵，就算完成任务。责任越清楚越安全，你问得好，说明你动脑筋了。"

从这天起，何树英跟蒋泽民就负责这一里路的警卫，被人称为"一里路警卫"。毛泽东在重庆坐不住，除谈判之外，一有空他就要去接触人民团体、民主党派，去走访重庆的民主人士，去广泛联系群众。

后来，发现毛泽东住在红岩村与民主人士交流不便，张治中便主动腾出自己在曾家岩的住所"桂园"，供毛泽东住。为了安全起见，周恩来没让毛泽东在"桂园"住一个晚上，每天接送。"桂园"成了毛泽东日常办公的场所。

蒋介石连发3封电报请毛泽东来谈判，本是他的一条缓兵之计。他谅毛泽东不敢来，这样他就能找个发动内战的借口。然而弄"巧"成拙了，蒋介石对谈判毫无准备，一个谈判的文字方案都拿不出来。所以，艰难的"马拉松"式谈判开始了，谈谈停停，一个半月，周恩来全程陪同毛泽东，没有丝毫懈怠。

共产党一让再让，10月10日，双方最终签订了《政府与中共代表会谈纪要》，即"双十协定"。

10月12日，"双十协定"公布。10月13日，蒋介石就对其部下颁发了"剿匪"密令，命令他的将领按他的《剿匪手本》对解放区发动进攻。

30 | 空中遇险

"双十协定"签订后,周恩来要求蒋介石派专机,由美国将军马歇尔和国民党将军张治中与他一道,护送毛泽东回延安。然后,周恩来返回重庆谈判,双方先后召开了10次会议。

1946年1月27日,周恩来从重庆乘专机赶回延安。为了出席1月31日举行的政协闭幕会议,周恩来决定29日又乘专机飞往重庆。飞机飞到秦岭上空,遇上了强冷空气。

这架飞机是马歇尔将军专门为周恩来指派的,机上除随同周恩来的随行人员,还有八路军驻重庆办事处的同志,以及叶挺的女儿小扬眉。

小扬眉是去重庆见父亲的。中共代表团经多次交涉,以释放国民党第11战区副司令长官马法五等人为条件交换叶挺和廖承志。被国民党扣留囚禁长达5年的叶挺即将在重庆获释,小扬眉是飞机上最兴奋的一个,她就要见到日思夜想的父亲了。

从西安飞往重庆的航线比较特殊,因秦岭横亘,直插云中,飞机必须先以大角度作螺旋式爬高,爬到5000米以上高度才能飞越秦岭。

飞机像断线风筝似的忽上忽下,左右飘摇;舱内无保温设备,金属骨架裸露，寒气逼人；机身无端晃荡，钢铁骨架乱响，加上大家头痛、腹内翻江倒海，舱内乱成一团……机上只有周恩来不呕吐，像没事人一样，还脸带笑意地说："把口张开，张开耳膜就不那么鼓胀了！"

听见机身上砰砰乱响，江青不安地说："冰雹，遇冰雹了！"

飞行组里一名大个子美国兵头重脚轻地从驾驶室来到机舱，脸色很难看，同周恩来叽里咕噜说了几句急促的英语，大家没听懂。

周恩来马上招呼何树英和李秘书过来。周恩来以少有的严厉声音命令："机长说现在必须减轻载重，你们把那些可以丢掉的货物和行李都甩出去，注意文件箱和公文包，要保护好，别丢错了！"

原来，机体在结冰，越结越厚，非常危险！

人命关天，不可犹豫。美国大兵拉开了舱门，这时机内就听不见人的声音了，只顾往下丢东西：便梯、铁桶、铁箱等。美国人的东西都扔光了，带来的几箱延安梨、几捆羊皮筒子、几匹延安纺的毛呢料也扔了，手枪箱子、个人行李都扔下去了，甚至把为延安购药的一箱子20万元钞票也扔了！

美国大兵的眼睛四处看，还要找东西扔：没了，要扔只有扔人了！

只见美国大兵使劲地在做手势，是要朝舱外"扔人"的意思……这时，陆定一站了起来。美国大兵说一句，他翻译一句："为了安全，请做好准备，背上降落伞，必要时跳伞！"

邓发来到何树英身边，一字一顿地命令他："如果跳伞，紧跟周副主席，一定要保护好他的安全！"

美国大兵把降落伞发给大家，然后教大家怎么背伞、怎么跳下、怎么开伞，他已站在舱门处，听候机长命令，准备随时拉开舱门。

这时，机舱内突然传来一阵呜咽声，原来是小扬眉在哭，她没有发到伞包，伞包都发完了。忙中出错，竟忘了这个小孩。周恩来抢在何树英前面安慰小扬眉,他解下身上的伞包,帮小扬眉背好,一边安慰:"小扬眉不要哭,你要像你爸爸那样勇敢、坚强,要与困难和危险作斗争。"

周恩来在危难时刻的无私无畏的精神让飞机上的每个人都深受感动,大家都争着将自己的伞包让给周恩来……

美国大兵向周恩来竖起了大拇指……

好在险情不久就化解了,周恩来一行有惊无险地平安到达重庆。

31 | 掌声响起来

1946年，重庆谈判之后，中共与国民党政府还在继续艰苦卓绝地谈判，受党中央之托，周恩来全权代表中共和国民党政府会谈。他居住在上海马斯南路107号（周公馆）。

为维护、巩固和发展和平成果，真正实现两党和平建国，周恩来带领代表团日夜奔波，不辞劳苦。邓颖超随周恩来在代表团工作，看到丈夫因忙碌操劳而一天天憔悴，心里十分焦虑。"周公瘦了"，上海记者如是报道。

据地下党可靠情报，国民党CC系特务机关计划派出特务雇佣一批流氓、打手，砸周公馆，杀害中共工作人员，这使周恩来对敌人产生了高度警惕。有一次，周恩来乘车外出，发现后面有一辆中统特务汽车尾随，周恩来的车开它也开，车停它也停。周恩来怒不可遏，要司机停车，自己下车走向特务汽车，大声呵斥："我周恩来是你们蒋委员长和美国马歇尔请来谈判的，你们知道吗？你们这是要干什么？快给我走开！"那几个特务只好灰溜溜地掉头走了。事后，周恩来向上海市市长吴国桢提出抗议，吴国桢保证不会再发生此类事件。

然而，国民党反动派破坏民主团结的肮脏伎俩层出不穷。他们指使特务捣毁新华日报社，打击大后方手无寸铁的民主人士、工业家、新闻记者和文学家；将许多民主人士列入特务的黑名单，连知名人士李公朴、闻一多先生也被特务暗杀。周恩来向新闻界疾呼，对反动派口诛笔伐，要申雪！要控诉！制止卑鄙无耻的暴行！

1946年10月4日上午，李公朴、闻一多两位先生的追悼大会在上海四马路天蟾舞台举行。

会场大门口架着两排美制机枪，一直到楼下内门。会场四周的军警宪特荷枪实弹，一步一岗。他们守在门口盯着进入会场的每一个人，一一检查入场证，不准新闻记者入场采访。

清早6点钟，场内就有人来抢位置，大多是被特务花钱雇来的流氓、无赖以及一些还不谙世事的小学生模样的孩子。他们把会场四周和后排的位子都占去了，有的正吃着早点。一名被哄骗来的女工还对旁人说："叫我来，说是有好戏看。怎么还不开锣呀？"他们真像来看戏的，嗑瓜子，嬉笑打闹，专等"演出"开场。会场布满了特务和"短衣客"（打手），他们的手臂上也都缠上了黑纱，凶手给殉难者戴孝，知情的才懂：这是在上演一场莫大的人间讽刺剧。特务给雇来的人打好了招呼，叫他们见特务鼓掌才鼓掌，见特务起哄就起哄。

开会了，上海市市长吴国桢主持大会，上海市议长潘公展讲话，特务带头鼓掌，被雇来的那帮人也跟着鼓掌。可他们中有的人以为是来捧歌星的，竟高呼"安考儿！安考儿！"（英语"再来一个"的音译）；有的就像在听戏捧名角，大喊大叫："哟，哟，好！"令人啼笑皆非！

待到民主党派和无党派民主人士的代表们上台讲话，特务就带头起哄："共产党的尾巴！抓住尾巴！"那些被雇来的人也就大吵大闹。场内顿时一片混乱，让人听不清台上的人讲话。但知名人士史良、罗隆基、楚图南、郭沫若等人的讲话，仍然赢得了群众的掌声。

就在郭沫若讲话的掌声未落之时，邓颖超出现在讲台上。她严肃、庄重、大声宣告中共代表团团长周恩来亲笔书写的悼词：

今天在此追悼李公朴、闻一多两先生，时局极端险恶，人心异常悲愤。但此时此地，有何话可说？我谨以最虔诚的信念，向殉道者默誓：心不死，志不绝，和平可期，民主有望，杀人者终必覆灭。

邓颖超一字一句，震彻全场。她每念一句，台下就热烈鼓掌一次。短短几句，戛然而止，邓颖超从容走下讲台。全场一阵接一阵掌声雷动，久久停不下来，有的一边鼓掌还一边站起来，饱含热泪……

那些特务雇来的人，也跟着拼命鼓起掌来。那几个特务过了一阵才醒悟过来，忙打手势和向那帮人大喊："不对！不对！拍错了！拍错了！不要拍手！不要拍手！"但是，全场群众早已热血沸腾，雷鸣般的掌声，一直把邓颖超送上场外的汽车。

32 | 呵护新生命

1946年6月,蒋介石撕毁了"双十协定",发动全面内战。国民党反动派对中共的打击迫害,变本加厉,且明目张胆。中共驻上海代表团被迫紧急撤离。

但哪些同志回解放区?哪些同志去香港工作?哪些同志留在上海转入地下党组织呢?周恩来为确保这个团队的安全,根据各人的实际情况,进行了分流。代表团的于土、许真夫妇,是周恩来身边工作人员中很年轻的一对,是外事组组员和对外联络组组员,他们被安排去香港。外联组组长陈家康同志已通知他俩晚上不要睡觉,听候命令,随时出发。1946年10月14日半夜时分,他俩接到通知准备去香港。他们马上把箱子里所有"土"的东西都拣出来,只剩些适合带去香港的"洋"东西。一两个钟头后,又来通知,去向变动,要回解放区。他们又把"洋"的东西全倒出,往箱子里装上"土"的东西。又隔两个钟头,通知他们还是要去香港,他们又把箱子倒腾一番。直到天蒙蒙亮,才最后通知他们:立即上船回解放区。

外联组组长郑重转告,这是周副主席亲自下的决心。按他们的专业,理应去香港工作,可周恩来考虑到他们的孩子即将出生,担心万一在香港有危险不好办，所以最后下决心安排他们回到解放区。

周恩来工作就是如此周到细致。为了一个新生命，他通宵未眠，考虑再三。这让于土、许真夫妇十分感动。

翌日清晨，这对年轻夫妇登上由上海开往山东烟台解放区的登陆艇，一路饱含热泪。许真抚摸着肚子，默默发誓：回解放区后一定为党拼命工作，将来教育孩子也要一生忠于共产党，忠于国家民主和平事业……

虽然和谈破裂，但他们的耳畔不时回响起周恩来的那句话："心不死，志不绝，和平可期，民主有望……"

33 | 三大战役副总指挥

1948年中央到西柏坡后，毛泽东、周恩来逐步把自己的工作重心转移到准备人民解放战争的胜利和城市工作上来。

人民军队由长期的自卫防御转向战略进攻。战役的规模大了，关于辽沈、淮海、平津三大战役的构想也逐步在毛泽东、周恩来、朱德等中央军委领导心中酝酿。指挥大规模作战也需要有较为正规的场所。为适应指挥重大战役的需要，在靠近朱德、周恩来居住的院内，行政部门建了一间军委作战室。这是中央和军委机关最大的办公室。所有的参谋人员都集中了，围着几张大木桌，夜以继日地紧张工作。四周墙上挂满了各个战场的军用地图，值班参谋每天将敌军和我军的位置用蓝色和红色的小旗子插在地图上，周恩来、朱德、杨尚昆经常到这里向参谋们了解敌情和战况，同他们研究作战方案。

在周恩来的亲自领导下，军委作战部的同志们，以严肃、紧张、准确、有效的工作作风推进各项任务。周恩来除了每天将战况以书面形式报告给毛泽东，还经常到毛泽东的平房里当面报告及商谈。毛泽东有时也走到周恩来的小办公室里商谈战局。

军事上的问题，毛泽东是决策者、指挥者、挂帅者，周恩来参与决策并组织具体实施工作。除了军委作战部，周恩来还有个小作战室，由张清化任主任（相当于周恩来的军事秘书）负责根据每天的局势变化标图。周恩来常到军委作战室了解情况，他对敌我双方的战争态势、兵力部署、部队特点、战斗力强弱，甚至国民党方面指挥官的简历、性格等，可以说是了如指掌。有什么新情况，周恩来总是先仔细地核实并弄清，然后向毛泽东报告。两人经过研究确定对策后，多数由毛泽东起草文电，少数由周恩来起草，而所有军事方面的文电多由周恩来签发。张清化说，发送军事方面的文电大致有三种情况：一是议后发，有了情况，书记处几个领导人共同商议，然后由毛泽东或周恩来起草文电发出。二是阅后发，由于军情紧急，来不及一起商议，由毛泽东或周恩来起草好文电，再送其他领导人传阅后发出。这种状况是比较多的。三是发后阅，由于情况紧急，刻不容缓，为了争取时间，由毛泽东或周恩来起草好文电先发出，再送其他领导人传阅。

在西柏坡，周恩来一天到晚都忙。那段时间他睡眠最少，旁人劝他坐一下，他只好解释："我不能坐，一坐下就会睡着。"面对纷繁残酷的战争，面对别人无法代劳的难事，他不能不事必躬亲。战场瞬息万变的情况，要求详细了解和掌握战役双方的情况，以便供毛泽东及军委准确决策；又要参与各战略区的一系列军事行动的决策，还要对指挥战役的决策以电报形式作出指示。那时，周恩来起草的指挥作战电报非常之多，最多时一昼夜达22份。

抗日战争胜利后，中共同国民党言和无望，全面内战已无法避免，解放军作战准备大调整，关于三大战役的酝酿，早于1947年6月就开始了。6月中旬，周恩来在南京同几位友好的爱国人士商谈国内军事态势之后，给中共中央去电提出："我如以两支强兵南下，一插津浦路东，一插路西，直抵江边，京沪局势必将大乱。"周恩来这个意见得到了中共中央的重视和认可。

1946年6月26日，蒋介石发动全面内战。6月30日，刘邓（即刘伯承、邓小平）大军横渡黄河天险南下，千里跃进大别山，开创新的中原解放区，正是毛泽东、周恩来独具匠心布下的棋局。这是中国共产党革命军队20年来第一次向国民党反动派发起战略进攻。这一战略方针使得人民解放战争从战略防御转入战略进攻。

　　在毛泽东、周恩来、任弼时等人的指挥下，刘邓大军南渡黄河，开始了战略布局。周恩来亲自起草中央军委给刘伯承、邓小平的电报："湖北全境空虚。你们如能乘胜攻占长江以北、大别山以南各线，必能威胁长江，分散敌人，开展局势。"

　　于是，刘邓大军南下，直达大别山山区，如同一把利剑插在国民党腹地南京和武汉之间。同时，中央又派陈赓、谢富治率军南渡黄河，派陈毅、粟裕率军进入鲁西南。三路大军以鼎足之势立于中原大地、江淮河汉之间。

　　1948年9月，华东野战军根据中央军委的安排发动了秋季攻势，解放了济南，歼敌10万人，也拉开了三大战役的序幕。

　　对于东北战场辽沈战役的战略方针，周恩来在解放战争第三年军事计划中表明：一是消灭敌军于东北；二是控制敌军，使其不能增援中原，以确保解放战争中原战局这个中心不动摇。

　　确定首先攻打东北后，解放军进攻的主要方向首先应选哪里？东北的敌人被压缩在长春、沈阳、锦州三个地区内，以毛泽东、周恩来为首的中央军委确定首先攻取锦州，以调动长春、沈阳之敌援锦州，然后在锦州、山海关、唐山线连续大举歼灭援敌，争取将东北国民党全军就地消灭。同时，攻占锦州，也就切断了敌人东北与华北两个军事集团的联系，切断了东北向华北撤退的通道，有利于将东北敌军封闭在东北各个歼灭。

　　可是，林彪一直主张先打长春。1948年5月下旬，他曾集中两个纵队试攻长春，没有奏效，改成长围久困。中央军委和毛泽东，一再来电要部队南下北宁路，先打锦州，林彪犹豫不决。

后来，由于毛泽东、周恩来的批评，加上罗荣桓极力做工作，林彪坚定了攻锦州的信心，立即指挥攻击部队勇猛冲杀，打援部队顽强堵击。经过31个小时的激战，解放军于10月18日解放锦州，歼敌12万人。

锦州解放后，周恩来立即起草了中央贺电，这次的贺电与往常的贺电不同，往常都用中央军委的名义，这次用的是中共中央委员会的名义，可见中央对首先攻击锦州和取得锦州作战胜利的重视。人民解放军攻克锦州，使东北战局发生了急剧变化。10月15日，蒋介石再次飞抵沈阳，严令长春守军向沈阳突围。长春守军第60军军长曾泽生于17日起义，使解放军控制了长春东城。18日，周恩来起草中央军委致东北局并林彪、罗荣桓电，要求他们对曾泽生"开会表示欢迎"。19日，郑洞国率余部放下武器，长春和平解放。

辽沈战役胜利后，为发动平津战役，中共中央军委决定东北野战军取捷径以最快速度入关。11月29日，平津战役开始。12月中旬起，周恩来协助毛泽东指导平津前线领导人，开始同国民党北平最高指挥官傅作义派来的人员谈判，做傅作义的工作，争取和平解放北平。1949年1月31日，北平和平解放。

1949年1月10日，规模空前的淮海战役以人民解放军胜利结束，歼灭了国民党军队55.5万人。至此，国民党军队在南线战场的精锐主力已被消灭。

辽沈、淮海、平津三大战役，一个胜利接着一个胜利地向前推进，构成中国革命战争史，甚至人类军事史上少见的一幅气势磅礴、波澜壮阔的胜利图景。周恩来作为中央军委副主席兼代总参谋长，协助毛泽东科学决策和指挥，倾注了极大心血，付出了极艰辛劳动，作出了巨大贡献。

34 | 政务院总理

1948年,中共中央迁入河北西柏坡之后,周恩来在协助毛泽东指挥三大战役的同时,百忙中还另有重大任务:受命负责领导国民党统治区第二战场的反蒋斗争,还受命负责筹备新政治协商会议的召开,亲自布置迎接各地民主人士到解放区。

7月底,周恩来向中央拟定了邀请香港、上海和长江以南地区来解放区的77名民主人士名单,并致电上海、香港地下党组织和华北局,准备安全接送民主人士到解放区。

接送过程中,周恩来精心安排,为的是确保万无一失。在上海的民盟中央主席张澜和罗隆基,还被拘禁在虹桥疗养院,由淞沪警备局秘密监护。国民党要把他俩劫往台湾。在张澜、罗隆基处于危险状态之下,周恩来想起了在上海的杨虎。杨虎在1927年同蒋介石合作过,之后与蒋介石闹翻,在上海做寓公,玩帮会,1946年曾托人转告周恩来表示要戴罪立功,周恩来要他等待时机。现在时机到了,他立即通过上海地下党电台给杨虎发电报,电报说,杨先生为人民出力的时候到了,务请营救张澜、罗隆基。杨虎按"帮规"把救张澜、罗隆基的任务责成阎锦文完成，既不能让他们被国民党杀害，也不能让他们被国民党劫往台湾。1949年5月26日，阎锦文通过多方努力，摆脱特务追捕，使张澜、罗隆基安然脱险，抵达杨虎的环龙路公馆。6月24日，张澜、罗隆基安全到达北平。如此这般，70多名民主人士在周恩来的安排下齐聚北平出席新政协会议。

历时20天的北平和平谈判，因蒋介石的阻挠宣告破裂，国民党代表团团长张治中决定带领代表团回南京复命。周恩来当天赶到六国饭店看望张治中。张治中认为，既然蒋介石拒绝接受《国内和平协定》，他理应领团回去复命。周恩来告知他蒋介石面对协定已大动肝火，拍桌大骂："文白（张治中）无能，丧权辱国！"还对亲信们说："可恶至极！我恨透了那批脓包！……"如此去复命，代表团不管回到上海或广州，国民党的特务都可能出手，后果难料。周恩来代表中共恳切挽留张治中："西安事变时，我们已经对不起一位姓张的朋友，今天不能再对不起你了。"在周恩来深情而坚决的劝阻下，张治中同意留下，代表团其他人也同意了，南京代表团被留了下来。周恩来还借南京接代表团的飞机将张治中的夫人和子女接到北平。当张治中随周恩来到机场，看到家属走下飞机时，他对周恩来的周密安排和真诚待友之心深感敬佩，感激不已。后来，张治中参加新政协会议，协商开国大政。

1949年9月21日，中国人民政治协商会议第一届全体会议在北平中南海怀仁堂隆重开幕。出席开幕式的各党派、团体代表662人，应邀来宾300人。

9月27日，在中国人民政治协商会议第一届全体会议第6天的大会上，周恩来代表大会主席团提出的定都、纪年、国歌、国旗4个决议草案被一一通过。会上选举了180人组成政协第一届全国委员会，选举56人组成中央人民政府委员会，毛泽东当选主席，朱德、刘少奇、宋庆龄、李济深、张澜、高岗为副主席。

1949年10月1日，中央人民政府委员会在中南海勤政殿举行第一次会议，毛泽东主席和6位副主席及56位政府委员宣布就职，宣告中华人民共和国中央人民政府成立。会议选举林伯渠为中央人民政府委员会秘书长，任命周恩来为中央人民政府政务院总理兼外交部部长，毛泽东为人民革命军事委员会主席，朱德为中国人民解放军总司令，沈钧儒为最高人民法院院长，罗荣桓为最高人民检察署检察长。

周恩来受命担任政务院总理后，又为组建新中国第一届政府忙碌起来了。首届政府是一个民主联合政府，在安排民主人士方面考虑颇多。根据中央批准，他和毛泽东提名傅作义担任水利部部长。他还亲自去黄炎培家中拜访，经过两个多小时的恳谈，劝说过去几十年一直不愿做官的黄炎培担任公职。周恩来又提名同盟会早期会员李书城担任农业部部长。李书城担任过辛亥革命军总司令黄兴的参谋长，之后还参加过讨伐袁世凯的护国战争和反对北洋政府的护法战争等，在旧民主主义革命中起过重要作用。周恩来还请在旧社会拒绝高官厚禄的著名林业专家梁希担任林垦部部长。周恩来反复向他们解释："现在是人民的政府，不是做官，是做事，是为人民服务。"

10月19日，中央人民政府委员会通过了政务院副总理及下属各部、委等主要负责人名单：董必武、陈云、郭沫若、黄炎培为副总理，李维汉为秘书长。在政务院21名政务委员中，民主人士占11人；在政务院下属34个机构的109个正副职中，民主人士占49人，其中正职15人。名单一公布，就在党内外引起强烈反响。陈毅高兴地说，周总理平衡的这个班子，既照顾到解放区的各种方面，也照顾到延安；既照顾到各党各派，也照顾到被安排人的资历、职业和能力。

然而，革命时期一直陪伴、协助周恩来工作的邓颖超同志，却没被安排进109个正副职中。不少党内外人士都提出，无论从资历、才能还是代表性方面看,都应该在政府里给邓颖超安排职务。但周恩来坚决不予安排,他说:"我是政府总理,如果邓颖超是政府的一个部长,那么我这个总理和她那个部长就分不清了。人家会把她那个部长说的话,把她做的事当成是我支持的。"周恩来坚定地说:"只要我当一天总理,邓颖超就不能到政府里任职。"

对首届政务院的组建完成,有许多党内外人士从内心发出赞叹:"周总理不愧为'周'总理啊!"

35 "拆了玻璃墙"

1949年12月6日，新中国成立的第三个月，毛泽东首次出国，对苏联进行友好访问。此行主要目的除了参加斯大林70岁寿辰庆祝活动，更重要的是就两国所关心的问题交换意见以及商谈和签订两国之间的有关条约、协定。周恩来等在北京西直门火车站为毛泽东送行，毛泽东登上了开往莫斯科的专列。

然而，毛泽东参加完斯大林的寿辰活动后，苏联故意拖延中苏条约的谈判。毛泽东同斯大林第一次会谈时，提出要请周恩来到莫斯科来，斯大林却认为没有必要来，并表示不愿签订新的中苏条约。第二次会谈时，毛泽东重提中苏条约的事，斯大林直接避而不谈。后来斯大林甚至对毛泽东避而不见。毛泽东给他的住所打电话，收到的答复是斯大林不在家，建议毛泽东去见米高扬。斯大林的这种作风，让毛泽东很不高兴。

有一天，斯大林派科瓦廖夫和费德林来看望毛泽东。毛泽东借机对斯大林发了一通怨气。他说："你们把我叫到莫斯科来，什么事也不办，我是干什么来的？！难道我仅仅是来祝寿的吗？我是来办事的！"

科瓦廖夫和费德林建议毛泽东到苏联各地去游览，毛泽东一口拒绝。1950年元旦这一天，毛泽东对前来看望的苏联驻华大使罗申说，他不想参观工厂，不想做报告，也不想发表公开演讲，准备静养一周，彻底恢复正常睡眠，并打算提前一个月，即在1月底离开莫斯科回国。他还故意向罗申透露，最近收到北京的报告，缅甸和印度政府表示他们愿意承认中华人民共和国。英国和其他英联邦国家也将在承认中华人民共和国的问题上采取明显步骤。

毛泽东这一信息是在向斯大林表示不满，因为缅甸和印度都是英国的势力范围，英美对华政策有差异，并非铁板一块。如果中苏签订新的同盟条约，英国不至于和美国联合起来共同对付苏联。考虑到种种因素，斯大林的立场松动了。

第二天，即1月2日，斯大林明确表示：苏联同意废除原来的中苏条约，签订新的中苏友好同盟条约及相关协定，并同意周恩来来莫斯科具体商谈。

晚上，毛泽东致电中共中央，请周恩来及相关同志准备来莫斯科。

1月10日，周恩来作为中华人民共和国政务院总理兼外交部部长，首次出访苏联。

周恩来到达苏联后问毛泽东，此次要达到什么目的，毛泽东幽默地说："想要点好看的，再要点好吃的。"

1月22日晚，中苏就签订新的条约和协定问题开始正式谈判。中国方面参加的有毛泽东、周恩来、李富春、王稼祥、陈伯达等，苏联方面参加的有斯大林、莫洛托夫、米高扬、维辛斯基、罗申等。毛泽东说明在新情况下中苏两国的合作关系应在条约上固定下来。条约的内容是密切两国的政治、军事、经济、文化、外交的合作，以共同制止日本帝国主义或其他国家的侵略。斯大林同意毛泽东的意见。他们确定了新的中苏友好条约的原则精神，具体商谈由周恩来、李富春、王稼祥同米高扬、维辛斯基、罗申进行。

在整个谈判过程中，大的问题上是毛泽东拍板，但具体的谈判周旋、操作和实施则靠周恩来。《中苏友好同盟互助条约》《关于中国长春铁路、旅顺口及大连的协定》等重要文件，都是周恩来亲自执笔、字斟句酌起草的。《关于中国长春铁路、旅顺口及大连的协定》规定了苏联归还中国长春铁路的日期不能迟于1952年末，归还前由中苏双方共同经营。这是我国主权收回方面跨越的一大步。双方签订贷款及购物协定，本年内苏联贷款6000万美元给中国，购飞机、钢轨、炮弹、汽油及空军各种器材等共4000万美金的物资给中国。

1950年2月14日，中苏双方终于在克里姆林宫举行了条约及协定的签字仪式。

"好看的"条约协定和"好吃的"贷款购物都有了。

签字仪式结束后，斯大林举行了招待宴会。斯大林与毛泽东频频举杯，互相敬酒祝贺。

晚上，中国驻苏联大使王稼祥在莫斯科饭店举行盛大招待宴会，庆祝中苏友好条约签订和毛泽东访问苏联成功。宴会请斯大林及苏联其他领导人参加。

斯大林说："我历来没有到克里姆林宫以外的地方出席过这样的宴会，而且已成了惯例。对你们的邀请，我们决定接受。"

晚上9点，斯大林率苏共中央政治局成员来到宴会现场。当斯大林与毛泽东握手步入宴会厅后，掌声、欢呼声不断。

许多参加宴会的来宾，甚至各国使节都想一睹两位红色领袖的风采，都顾不得礼节，蜂拥而上，眼看就要把大厅的玻璃门墙挤坏了。周恩来急中生智："拆了玻璃墙！"

工作人员赶紧把饭店宴会大厅的玻璃门墙拆了。中苏这对友好的兄弟国家，经过这次谈判的接触，也正像拆除了其中隔着的一道"玻璃墙"一样，双方之间更宽畅了！

2月17日，毛泽东、周恩来一行离开莫斯科，返回北京。

36 | 总理家庭

邓颖超与周恩来，1925年在中共广州区委那间简朴的房子里结成革命伴侣。那时周恩来27岁，邓颖超21岁。他们当时虽然未举行隆重的结婚仪式，但一些在广州区委及黄埔军校的同事、朋友、战友们，如邓演达、恽代英、张治中等都赶来贺喜，在太平餐馆举行了有六七十人参加的宴会，也鸣放了鞭炮。所以，尽管周恩来、邓颖超没有举行传统的结婚仪式，他们的结婚仪式却是革命的、新式的，一样庄重、热闹。张治中回忆说，他们是把"互爱、互敬、互助、互勉、互商、互谅、互信、互识"作为相伴终身的准则的。他们正是怀着这种至真至美的爱情投身到共同的斗争中去，在共同的斗争中，爱情融进更高层次的氛围，不断升华，更加绚丽了！

恽代英对当时婚礼上的邓颖超有一番这样的回忆：她不十分漂亮，但带着我们东方古典风韵，圆圆脸，大眼睛，齐耳的短发，素装淡抹，看上去全身都充沛着一种朝气蓬勃的生命活力，正像春天山谷中的一朵百合花那样纯朴可爱。

这对夫妻，因处革命年代，聚少离多。结婚后不久，周恩来就重返前线，去参加讨伐军阀陈炯明的第二次东征，邓颖超也投入轰轰烈烈的国民革命运动。

为了进一步推动广东妇女运动的发展,作为中共广东区委委员兼妇女部部长的邓颖超,与妇委会领导人蔡畅,同国民党左派人士宋庆龄、何香凝等团结合作,共同领导和组织广大妇女投入国民革命,各方面的工作都开展得很顺利。

不久之后,邓颖超觉得自己全身乏力,不思茶饭,有时还伴有呕吐现象。没过几周,人明显瘦了,眼睛也凹陷下去了。到医院检查后,才知道是怀孕了。

邓颖超拖着不适的身子,坚持领导广东的妇女运动。这样支撑了一阵,却难以维持下去。当时革命斗争危险重重,邓颖超瞒着周恩来放弃了这个孩子。

一年后,邓颖超发现自己又怀孕了。一位年轻的母亲开始沉浸在对孩子的美好憧憬里……

预产期已到,她由母亲陪同住进广州长寿西路一所私人医院里。她的思绪和向往,现在都凝聚在即将出世的孩子身上。她像农夫盼秋收一样,盼望孩子快点落地……

不幸的是,邓颖超生产时难产。她躺在产床上已经三天三夜了,浑身冒汗,痛如刀绞,胎儿太大,怎么也生不出来。如果再拖下去,母子两人都难以幸存。人命关天,岂能耽搁?邓颖超的母亲是一位中医,精通脉理,替女儿把脉,不禁暗吃一惊。她知道,女儿弱小的生命,已到生死临界线,如不及时采取措施,免不了会因失血过多而死去。于是,她请求医生救救女儿。那时,医院还不能施行剖宫产手术,医生只好用产钳强行拉出婴儿。邓颖超得救了,被钳出的婴儿却因脑部严重损伤而夭折。

难产的损耗,失子的悲痛,使邓颖超的身体极度虚弱。她需要精心调养,更需要丈夫的慰藉,可周恩来远在上海领导第三次工人武装起义。正当这次武装起义取得了胜利，上海各界人士欢欣鼓舞地准备迎接北伐军时，反动派的阴谋也在悄悄行动……4月12日，蒋介石发出了大屠杀命令。3天后，广州发生了"四一五"清党事件。那时，广东区委、军委机关被搜查，许多同志被逮捕，被枪杀。邓颖超因难产尚未出院，党的机关和周恩来的住处被抄了，因同志们被杀害了，邓颖超与党组织失去了联系。

连邓颖超在医院生孩子也没免于被搜捕。一位好心的医师把邓颖超及其母亲转移隐藏在后院一间偏僻的小屋内，对外说产妇已经出院，不知去向，这才侥幸应付过去。主治医生每天派护士给邓颖超及其母亲送水送饭。后来时局越来越紧张，邓颖超也忘记了失子之痛，她惦念周恩来和同志们，急需找到党组织。正当邓颖超欲战不能、欲走无路的时候，党组织派人来了，要她立刻离开广州去上海，并用化名登报找周恩来。那时邓颖超刚刚能下地走动，在好心的医生和护士的掩护和党组织的帮助下，终于和母亲经香港辗转到了上海。

那天是5月1日。邓颖超的母亲遵照周恩来的嘱托，以她自己的名字在报上登启事，找伍豪（周恩来当时的化名），说他长期不回家，现在自己带女儿到上海找他，希望见报后速到旅馆来接她们。周恩来见报后非常高兴，立即派人把邓颖超及其母亲接到一家日本人开设的福民医院躲了半个月。之后找到房子，周恩来和邓颖超才在一起住。

由于斗争形势的需要，周恩来于5月下旬到武汉。6月间，邓颖超也奉命调到武汉工作，他们又得以短暂相聚。但一个月后，周恩来又根据党中央的决定去领导南昌起义。这次行动是严格保密的。临行前，他对所有人都守口如瓶。邓颖超只知道他当晚要去江西九江，后来还是看了国民党的报纸，才知道发生了南昌起义。

周恩来走后不久，邓颖超随中共中央机关从武汉秘密迁回上海。在这里，她和许多革命者一道，在白色恐怖下坚持斗争生活了5年之久。

周恩来和邓颖超结婚刚刚迈进第7年，夫妻俩都到了苏区瑞金。一个晚上，周恩来对邓颖超一语双关地说："从帝国主义和国民党反动派严密统治下的上海到苏区，这个变化很大，从此我们开始从非法环境转到公开活动的环境，这是与白区截然不同的一种新的生活和新的战斗的环境。我们的斗争还很艰巨，但我们的生活将会安定些，因此我希望不久要个孩子。瑞金有优秀的妇科医生。"

生个孩子也是邓颖超的愿望，邓颖超满口答应下来。可过了一段时间，邓颖超没有身孕。又过了一段时间，还是没有身孕。

她来到一家医院检查。检查的结论是：邓颖超过去几年不孕，很可能是难产的损伤和产后的长途颠簸所致，还有可能终身不孕。这个结论很残酷，它意味着邓颖超可能失去了生儿育女的希望。

新中国成立之后，周恩来出任政务院总理兼外交部部长，国家进入过渡时期。待周恩来稍有时间时，邓颖超向他提出："恩来，事情不能再拖下去，我看，我们现在就分手吧！"

周恩来双臂抱在胸前，含笑望着妻子，继而严肃又认真地问道："什么理由？"

"我不能生育。"邓颖超直言，"你已经是50出头的人了，如果再拖延，我岂不是成为让你绝后的罪人吗？"

品味妻子这句话真诚的分量，周恩来深情地说："我看问题没那么严重吧！再说，你讲的也不能算理由嘛，没孩子就没孩子吧！"

邓颖超心里涌起一股幸福的暖流。

周恩来沉思片刻，又用商量的口气说："小超，我想我们可以把烈士的后代当成自己的子女，抚养他们，爱护他们，教育他们成长，也算是为烈士们做点儿力所能及的事情，你说好不好？"

邓颖超毫不迟疑地边说边点头："这个主意好，我当然举双手赞成！"

"好！"周恩来爽朗地笑了，"小超，我们就这样说定了！"

此后，周恩来和邓颖超陆续收养了好几个烈士的后代。他们把这些遗孤当成自己的亲生子女，担当起父母的责任，一家人同样尽享天伦之乐。这种把革命遗孤当成自己的亲生子女的家庭，在增添家庭乐趣和加深夫妻感情之外，尤其还比别人享受到更为真切的革命大家庭的温馨。当他们看到自己抚养的这些孩子慢慢长大，像是从一株株幼苗逐渐长成参天大树时，这种乐趣就更大了。

有一次，分别了几十年的表姐龚志如来到周恩来家中，谈及家庭情况时，她遗憾地说："唉，美中不足的是你们没有一个孩子。"周恩来笑道："谁说没有？我们有10个！他们的父母是为革命牺牲的，我们就担当起父母的责任。他们都成长得很不错嘛！"在旁边的邓颖超也附和："是的，是10个。他们有的正在成长，有的已经成才呢！"

父母是"小家之长"，总理是"国家之长"。"家"的概念在周恩来的家庭里具有与传统家庭截然不同的内涵。

37 | 五个"办公室"

周恩来每天醒来后的第一件事就是去卫生间,卫生间是他的"第一办公室"。卫生间也称厕所,在重庆时厕所很简陋。周恩来是个大忙人,缺的就是时间。所以,他每天起床后,抓起报纸和临睡前准备的待办文件就直奔厕所,利用上厕所的空隙,开始一天的工作。

新中国成立后,周恩来的工作比战争年代更忙,"第一办公室"的条件也在不断改善,可蹲马桶,马桶面前放有茶几、椅子,可放材料、报纸和文件。

一日之计在于晨,人在早晨头脑最清醒,办事效率最高。周恩来和秘书们都很重视早晨的工作时间。秘书们事先有协商,各自先亮出电报急件,但有时也不免争一争谁先亮出。周恩来每天只能睡三四个小时,这么大的一个国家,还有国际风云瞬息万变,有太多事情要处理,"日理万机"一说,毫不夸张。所以,急事急办。

事情紧急时,周恩来仿佛有三个脑袋在同时工作,彼此通气,绝不紊乱。他眼睛看电报、文件,手不时在上面作批示;耳朵还要听汇报,而且汇报的内容与他所批阅的文件内容往往毫不相干;在听汇报的同时，周恩来还要将前一天夜里自己考虑好的一些重要决定及指示，口述给另一个秘书。即便是即手批的急件，严肃认真的周恩来也批得条理清楚。现存国家档案局的周恩来手迹，其中的急件急电，好些都是在"第一办公室"里批阅的。多字、错字、漏字，甚至一个标点，他都一一改正过来。

常在周恩来身边工作的成普同志，给每一位新来的同志介绍情况时，总要讲这几句话：你们不要从一般常识出发想总理、看待总理，他有特殊的脑筋、不可思议的能力；他有惊人的记忆力、非凡的洞察力、无比机敏快速的反应力和严密的逻辑思维能力，所有这些能力可以同时在几个方面充分发挥，表现出来就是工作的高效率，条理层次明晰，互不紊乱，件件周密、细致、精确。我们全加起来也赶不上他……

这些话，工作人员都牢牢记得，并无不在工作中得以证实。

一天，周恩来上午要参加国务会听农林方面的汇报，负责农业的秘书得先把基本情况报告给周恩来，各秘书只好让他先报告。农业秘书却犹豫了，一因周恩来正在批阅文件，并不时交代机要秘书发电，口述电文；二因自己汇报的都是一连串的有关粮食、棉花和油料的产量、征购、分配等情况的数字，他怕在这种情况下汇报周恩来记不住。后面的文教秘书见他犹豫就想先汇报。农业秘书马上意识到等是不行的。于是，他马不停蹄地汇报起来。

到了国务会议上，周恩来根据农业秘书汇报的数字，纠正了汇报工作的副部长念错的数字。一涉及数字，汇报的副部长要重新翻材料，有时越翻越紧张……这时，周恩来就会点名，无论部长、副部长，听到点名就得站起来，因此开会时"罚站"现象时有发生。周恩来当场批评："对于自己主管的工作，离了材料就说不清，这是不允许的！"

事后，那位副部长说："我们没法跟总理比，那么多数字，我们只能记到纸上，总理全能记在心里。"

"第二办公室"是周恩来的餐桌。周恩来吃饭时间没规律，多是见缝插针吃，而且吃饭时手不释卷，不离工作。这时，秘书尽量不打扰。尤其是当周恩来同邓颖超一块儿吃饭，邓颖超甚至请求他们："你们20多个秘书对着他一个，轮番作战，也得给他个吃饭喘气的时间啊。"话是这么说，邓颖超心疼却也能理解，秘书也为难。周恩来的台历上每一天都写着密密麻麻的工作，无法给他安排吃饭的时间哪！比如毛泽东约周恩来下午4点见面，秘书就要把周恩来的活动表安排到3点58分，剩下2分钟是他走路的时间。周恩来走路快得惊人，邓颖超对每个新来周恩来身边工作的人打的第一句招呼就是："总理走路很快，你别让他走丢了。"他从西花厅走到菊香书屋，快得像一阵风。他身边的秘书也都养成了说短句、说快话的习惯，工作上无客套、寒暄、解释之词，形容词一概省掉，用"是"或"不是"为周恩来节约每一分每一秒的宝贵时间。

周恩来吃过早饭（往往不在早晨），然后来到人们概念中的办公室。这里曾把周恩来气走过一次。有一次，后勤趁周恩来外出，对它做了一番维修。周恩来回来后非常生气："我不进去了，这不是我的办公室。"最后硬是让后勤人员把西花厅新搬来的沙发、地毯、窗帘、灯具等，凡是能搬走的全搬回了宾馆，恢复旧貌。

周恩来的办公室极其简陋。那时夏天没空调，只能在盆里放冰块降温；冬天刮刺骨的西北风，手冻僵写不成字时，周恩来也曾感叹这办公室没延安窑洞好，窑洞冬暖夏凉。

周恩来的办公桌上总是堆满了待审阅的文件，只剩下座椅前一方小桌面放文具和台历，还有他的三件"宝"：袖套、老花镜和清凉油。

周恩来当年做地下工作，用咳嗽声做暗号叫门，习惯了，以至于进任何门前他都会条件反射。于是，他清嗓咳出的声音，成了秘书们上班的"铃声"。一听到周恩来的咳嗽声，秘书们就各自抱着一大堆文件、电报、材料聚集办公室。

遇有急件拖了点儿时间，听秘书解释说"您一直在忙"，他就又重申："你们不要怕我忙，我能忙过来。以后遇到这情况，不管我是睡觉还是开会或忙其他什么事，都要立刻报来。"

周恩来常常在办公室连续工作10个小时不伸懒腰。他治疲劳有道程序：一开始大口大口喝浓茶；茶失效时就围绕办公桌走几圈，先慢走几圈再快走；快走不顶用时才习惯性地往太阳穴擦清凉油；有时清凉油也赶不走瞌睡虫，只好要秘书送来一条热毛巾擦脸、擦眼睛；万不得已时才问："谁有烟？给我一支！"

周恩来每天忙得连轴转，有时甚至因为疲劳过度而流鼻血。比如，为向苏联争取156项援建项目，为抗美援朝，为第一个五年计划的完成，为摆脱严重困难时期恢复国民经济发展，为第一颗原子弹的爆炸成功……特别是在"文化大革命"时期，为减少损失，保护干部，维护党和国家各方面工作的继续运转，苦撑危局……周恩来的鼻血有时会溅到文件和文电上，令身边的工作人员心疼不已。

"第三办公室"只有卫士、机要秘书和周恩来自己有钥匙。

卧室是周恩来的"第四办公室"。这里也有三件"宝"：红蓝铅笔、老花镜和清凉油。见周恩来办公室的灯熄灭，值班秘书就走了。可办公室的灯时常会再亮起来，秘书又被找过来……后来，为不打扰隔壁的邓颖超和避免秘书夜里走来走去，就给"第四办公室"和秘书宿舍都装了红机子电话，外面打不进，也不响铃，拿起电话筒就可以让总机找人。周恩来通过电话向秘书询问、交代或作出指示。

邓颖超为方便周恩来在"第四办公室"办公，请人设计做了一张带斜面、刚好卡在床上批文办公的小桌子。

周恩来有时从"第三办公室"直接转入"第一办公室",一夜未眠后天亮了,新的急电急件又递了过来。1965年,李宗仁先生从国外回来的那天,周恩来连续工作了60个小时,不得不转入"第四办公室"边输液边工作,因眼睛充血痛得无法看东西,李宗仁的讲话稿只能由秘书念给他听。

周恩来的"第五办公室",则是在农村、厂矿、机关、学校、街道、商场……足迹所到之处,无处不是他的"办公室"。

38 | "一五"计划

1951年2月中旬，中共中央政治局举行扩大会议，讨论"三年准备，十年建设"的问题。经周恩来提议，会议决定由周恩来、陈云等人组成领导小组，负责编制发展国民经济的第一个五年计划。

为了全力制订好"一五"计划，周恩来提议由从朝鲜回国的彭德怀接替自己主持中央军委的日常工作。周恩来的提议得到中央和毛泽东的批准。

8月11日，周恩来主持制订的《中国经济状况和五年建设的任务》终于完稿。同时，他还起草了《三年来中国国内主要情况及今后五年建设方针的报告提纲》。这两个文件分析了国内政治、经济、军事等基本情况，提出了五年建设的基本任务、指导方针和主要经济指标。

8月15日，周恩来带着"一五"计划框架，带领国家各部门、各行业负责人共65人的团队赴苏联访问并进行经济、军事、科技方面的全面合作谈判，又将计划框架译成俄文送给苏联代表团和斯大林。这为新中国的第一个五年计划建设创造了良好条件。此行，周恩来同斯大林进行了三次会谈，斯大林明确表示，苏联政府愿意为中国实现第一个五年计划提供所需要的技术、设备、贷款等方面的援助,并派专家到中国帮助建设。周恩来还得到斯大林推心置腹的一番话:"你们的革命成功后,援助你们是我们的责任。只能说你们的运气好,假使你们的革命先成功,我们也会向你们求援的。我应当感谢你们在朝鲜作战和提供橡胶两件事情上对苏联的援助。"

1955年3月31日,党的全国代表会议原则上通过"一五"计划草案。7月30日,第一届全国人民代表大会第二次会议正式通过《中华人民共和国发展国民经济的第一个五年计划(1953—1957)》。11月9日,周恩来签发国务院命令,指示各地"遵照执行,并领导群众努力增加生产,厉行节约,克服困难,为胜利完成和超额完成第一个五年计划而奋斗"。

"一五"计划的制订,是建立在大量的调查研究之上的,它从中国国情出发,虚心向苏联学习,量力而行,合理规定国民经济发展的比例和速度。这个计划,争取到了苏联援助中国的156个重点项目。"一五"期间,实际经济、文化建设总支出达766.4亿元,相当于7亿两黄金,投资之巨,在中国历史上前所未有。到1957年底,"一五"计划主要指标大幅度地超额完成,这五年所取得的成就远远超过旧中国的一百年,同世界其他国家工业起飞时期相比,也是名列前茅的。它的实施,揭开了中国经济发展历史的崭新篇章。

在庆祝我国"一五"计划取得辉煌成就的时候,参与制订"一五"计划的财经委同志却总忘不了周恩来敬酒的故事。

审阅计划时,周恩来发现林业采伐、造林和木材蓄积量计划数字核对有误,他当即打电话,严厉批评了赴苏代表团负责计划工作的同志。令人意想不到的是,周恩来第二天来到中国政府代表团团员下榻的宾馆,与大家共进午餐。餐厅服务员给周恩来送来一瓶白兰地酒。周恩来亲自斟满两杯,站起身走到他前一天批评过的那位同志面前,递给他一杯酒,微笑着说:"昨天我批评了你,以后要细心一些嘛!不要把这么重要的数字搞错!来,我敬你一杯酒,祝你今后工作得更好。"

　　这一杯酒,敬出了受批评者的两眼泪花……一天前大家因紧张和不愉快造成的沉闷气氛荡然无存。大家深为周恩来这种严谨的工作作风和高超的领导艺术折服。

39 别忘了人民群众

1952年12月,周恩来为了参加苏联将中长铁路移交我国最后议定书签署仪式,从北京来到哈尔滨。这天的会议和晚会结束时已到深夜。当地领导给周恩来安排了高级宾馆,他不去,解释说:"宾馆太冷清了,见不到人。我随便找个旅馆住好了。"

省委可为难了,其他旅馆没提前准备。周恩来乘车到哈尔滨喇嘛台南边看到一家小旅馆,便叫司机停车,一行人随他走进了旅馆。可旅馆经理不在,当时的黑龙江省委第一书记欧阳钦便安排服务员临时给周恩来找了一个空房间。

第二天一大早,旅馆经理闻讯赶来,要给周恩来做饭送饭。周恩来得知后,直奔餐厅,像普通旅客一样买饭,同群众一道边吃边聊家常,了解人民的生活与想法,了解民情社情。

1955年周恩来到西安,被安排住在原高桂滋的公馆里。他坐下来喝了杯茶,就起身要去住旅馆。工作人员劝说:"已经安排了,就住下吧。再说旅馆里也太乱……"

他回答说:"我不怕乱,就怕寂寞冷清。"

工作人员又解释:"您住旅馆,我们的安全保卫不好做。"

周恩来严肃认真地说："不要把我同人民群众分隔开，那不是保卫，是伤害，伤害我们党同人民群众的关系。我们党是靠人民群众才有了今天的。"

最后，他住到了西安大厦，和群众一道在食堂买饭吃，并同工作人员说："我喜欢这种生活。进城后总缺少这种生活。"

一次在广东，从有关同志汇报中了解到，温泉被干部疗养院占了，老百姓洗不上温泉。周恩来很生气，把有关负责人找来，严厉批评："都知道洗温泉好，能治病，可当地群众祖祖辈辈生活在这个地方，却洗不上温泉，你们说，群众会怎么想？"

当地有关负责人听后都说不出一句话。

回到住处后，周恩来派秘书送去200元钱，并让秘书转告广东省生活管理局的王局长，一定要给群众修建洗温泉的地方，这点儿钱是他和邓颖超的一点儿心意，表示对筹措经费的态度。

王局长退回周恩来的钱，并说一定努力为群众修好温泉。周恩来又派秘书送过去，并交代秘书说："告诉他们，这200元钱一定要收下，下次来从化，还要检查，看看到底给群众修了没有。"

周恩来就是这样，心里总是装着群众。

40 | 用车的账单

有一次,周恩来要去人民大会堂接见外宾,由于还有一点儿时间,他就由西花厅乘车先去北京饭店的理发店刮胡子。

"从西花厅到北京饭店算私事,从这里到人民大会堂才算公事",周恩来这是把从西花厅去北京饭店刮胡须的路程,同从北京饭店去人民大会堂接见外宾的路程区分开来。在北京饭店上车时,周恩来特意轻轻拍了一下司机杨金明的肩膀,提醒他,"你不要又笼统搞错了"。

杨金明说:"总理放心,我会记住的。"

周恩来在新中国成立后,一直坚持坐公车办私事要自费。工资发下后,钱归秘书管,但工资表他一定要过目,以便检查是否扣除了私人用车费和外出用餐费等一些自费款项。他把看戏、跳舞、到公园散步、到饭店理发算作私事,把去医院看望病人、到民主人士家拜访及看望外国朋友这类亦公亦私的事也都算作私事。他出车的账先由何秘书记着;后来他嫌何秘书记账屡有疏漏,如把看望外国朋友、拜访民主人士划为公事,他就将此事转交给了司机钟步云处理。钟步云遇空难后,他就直接交由司机杨金明记账了。周恩来说:"你开车你记账,这样不会出现疏漏。"

账记下了,如果交通部门忘记或没按时把这些费用从周恩来的工资中扣除，该部门挨批，周恩来身边的工作人员也挨批，说工作人员也有责任提醒扣钱。在这样的严格要求下，以后再也没有发生周恩来私人用车时漏交钱的情况了。

周恩来的亲戚来看他，也都坐公共汽车。周恩来早有规定，他的任何亲属都不许派车接送。

有一次，周恩来的一个侄子和一个侄女相约一起来家看望，并同周恩来、邓颖超一块儿吃晚餐聊家常。不知不觉，吃完晚饭出来时已是晚上7点多。

"哎呀，来不及了！"

"可能已经开演了，快走吧……"

何秘书从门前经过时正听到周恩来的侄子、侄女在为赶时间而发愁。他心里一动，开车把他们送到了工人俱乐部，回来正碰上邓颖超的秘书。邓颖超的秘书问："你干啥去了？"何秘书知道不妙，还是装作若无其事的样子回答："没干啥。"

可邓颖超的秘书猜到了，并把事情告诉了邓颖超。不一会儿，周恩来和邓颖超一同把何秘书叫去。何秘书只好老实承认用车送人了，并解释说："特殊情况，不然会误了看演出。"

周恩来皱着眉头盯住何秘书，严肃地说："你以为这是对他们好吗？晚到几分钟，少看一段，有什么了不起呀？你是帮助他们搞特殊，助长他们的优越感！"

何秘书不敢再说话，低垂着头。

"记住，这是不允许的！"周恩来再明确警告一句。

周恩来、邓颖超公私严格分明。他们的亲属和身边工作人员，谁也不敢再用公车办私事。

41 | 出国的"保密箱"

许多国家的服务员都知道周恩来有个漂亮的皮箱。这个皮箱是我国驻外大使馆为周恩来在国外活动特地准备的。

警卫人员与这个皮箱如影随形。到第三世界国家,得知中国决定对他们进行援助时,有的宾馆服务员就欣喜地指着那个漂亮的皮箱,悄悄问相熟的同志:"你们援助我们的钱是不是锁在这箱子里面?"

周恩来身边的工作人员笑着摇摇头,又立即会意点点头,感慨万千,一股酸涩难言的滋味涌上心头。实话说,对他们的每一项援助也确实是与这个皮箱有密切关系的。

实际上,这是周恩来的行李箱,里边装满了他的生活用品:

一条棉被。被面是绿色平纹布,被里是粗糙的白市布,中间一个薄薄的棉花套。出于卫生、安全和个人习惯等方面的考虑,周恩来不使用宾馆的高级被褥。周恩来还自带了一个荞麦皮枕头,到北京后就一直用这个枕头。

一件睡衣。周恩来从到北京起就穿着,早磨光了绒毛。因周恩来有睡前背靠床上办公的习惯,这件睡衣的背面补了又补,实在不能再补时就将整个后背的布都换了。换了又补,终身相伴。

三双袜子。双双见补丁，脚掌部分几乎每星期要去补一两次。

一条洗脸巾。这条毛巾已洗得像纱布了，后来渐渐磨出洞。洞越来越大时，周恩来就将毛巾从中间剪开，将毛巾两边换到中间对缝起来继续用。秘书们发现，他们用完了3条毛巾，周恩来还在用原来的那一条。周恩来洗脸后不拧毛巾，只用双手合力捏出水，他说拧会拧断纤维。

一块擦脚巾。这是一块用废纱布缝起来的擦脚布，周恩来几十年来一直用它擦脚。

一套刷牙用具。漱口杯上面印着"保家卫国"4个红字。周恩来刷牙之后总是一个劲儿地甩牙刷，他解释说水不甩尽就会把牙刷的线沤断，这样做一举两得，也是运动。

几件换洗的衣服。衣服补丁摞补丁，不便拿到外面洗，也不能用洗衣机洗，会被搅破。周恩来的衣服在家是秘书洗，在宾馆不便拿出去晾晒，怕被人看到影响不好。出国了只好交给中国驻外大使馆，请使馆的女同志帮忙洗晒，一般都是大使夫人亲自洗，经常有大使夫人边洗边哭。一次在马里访问，大使赖亚力的夫人看到周恩来的衣服上补丁摞补丁，有的布糟了，稍用力搓洗就破洞；所有的衬衣，只有领口是换了新的。她一边洗一边流泪……

一次到埃及，也是中国驻埃及大使馆准备一个漂亮的皮箱把周恩来的换洗衣服装走。驻埃及大使陈家康的夫人徐克立亲自去送还衣服，她一进宾馆住室见到卫士长成元功就大发火："你们简直不像话！"她打开皮箱抖开周恩来的衣服，气鼓鼓地说："你看看，你都看看！这种旧衣服，连我们使馆的工作人员都没有人再穿了，你们就让总理穿这样的衣服？太不像话了！"徐克立与成元功比较熟悉，所以她毫无顾忌地冲成元功发火。

"难道我们不想给他做新衣服吗？可你能说服得了他吗？"成元功苦笑着说。

"那不行,后面还要走好多国家呢,穿这样的衣服怎么行呢?"徐克立从包里取出3件新衬衫,说,"我和陈家康用自己的钱买了3件衬衫,我们知道总理的习惯,这不是花公家的钱,是我们送他的还不行吗?"

徐克立也知道周恩来出国不要出国补助,却不知道周恩来从不穿外国的衣服,他着装要表现中国人的礼仪。

成元功无法说服她,只好让她亲自到周恩来那去说。结果可想而知,3件衬衫当然没有被周恩来接受。

1963年底到1964年初,周恩来此行出访欧、亚、非的14个国家。这是一次很有国际影响的出访,有对大使夫妇认为周恩来代表中国,应穿好点儿,工作人员也表示理解。于是大使夫妇给他买来国产新衬衣,想造成"既成事实",结果被周恩来狠批一顿,责令退货。事后,周恩来一段话让大家印象深刻:

"我这样做是不是有些过分?我看不过分。前提是我们国家还一穷二白。这里有两种考虑。有人说,六七亿人口的中国,不就是我一个总理吗?再穷也不缺我几身新衣服,何况对外还有个影响问题。这话不是没道理。但我们不能少了另一种考虑:身为六七亿人口大国的总理,我怎么样,不是我一个人的事,它代表我提倡什么。六七亿人口是应该提倡节俭还是现在就不顾国情去追求享受呢?我更多考虑的是节俭。"

因此,无论周恩来在国内还是在国外,人们所看到的是他外表的端庄、大气、得体,看不到的,是他内在的艰苦、节俭和朴素……

42 | 大国外交家

毛泽东曾说:"周恩来在大的国际活动方面比我强,善于处理各种复杂矛盾。"周恩来身边的工作人员更是钦佩他在国际交往中的机智幽默和大家风范,尤其是他应对事前毫无思想准备的突发事件的能力,令人印象深刻。比如,针对那些西方人出其不意的恶意"圈套",周恩来都能巧妙应对。

在日内瓦会议期间,一个美国记者主动和周恩来握手,周恩来出于礼节没有拒绝,但没有想到这个记者刚握完手,忽然大声说:"我怎么跟中国的好战者握手呢?真不该!真不该!"然后拿出手帕不停地擦自己刚和周恩来握过的那只手,再把手帕塞进裤兜。这时很多人在围观,看周恩来如何处理。周恩来略略皱了一下眉头,也从自己的口袋里拿出手帕,随意地在手上扫了几下,然后走到拐角处,把这块手帕扔进了痰盂,并说:"可惜,这条手帕再也洗不干净了!"

尽管中美当时处于敌对状态,但周恩来一贯的思想还是把美国当权者和美国普通民众分开。在谈判桌上横眉冷对,那是一点儿情面也不会讲的。但在会场外,他可是统战高手,尽量做工作,力图潜移默化。他对美国普通民众一直是友好的,包括新闻记者在内。所以,在这名美国记者主动来握手时，周恩来没有拒绝。但这名记者看来要使周恩来难堪，否则不会自己主动握手然后又懊悔不迭地拿手帕擦手。周恩来在他擦手之前，也不会想到他会这样做。当时大堂里人很多，就看周恩来怎么下得了台。周恩来巧妙应对，也拿出手帕擦手。记者擦完手后仍把手帕塞回裤兜，而周恩来擦完手后把手帕扔进了痰盂。周恩来的意思是：你的手帕还能用，我的手帕因为擦了握过你的手以后沾染了你的细菌，再也不可能洗干净，手帕不能使用了，所以就应该及时把它扔到痰盂里去。周恩来明显棋高一着。

美国代表团访华时，曾有一名代表当着周恩来的面说："中国人很喜欢低着头走路，而我们美国人总是抬着头走路。"此话一出，语惊四座。周恩来不慌不忙，脸带微笑地说："这并不奇怪。因为我们中国人喜欢走上坡路，而你们美国人喜欢走下坡路。"

这名美国代表的话显然有意侮辱中国人。当时，在场的中国工作人员都十分气愤，但囿于外交场合又难以强烈斥责对方的无礼。如果忍气吞声，听任对方的羞辱，那么国威何在？然而周恩来的回答让美国人领教了什么叫作柔中带刚，最终尴尬、窘迫的是美国人自己。

一名美国记者在采访周恩来的过程中，忽然看到周恩来的桌子上有一支美国产的派克钢笔。记者便以带有几分讥讽的口吻问道："请问总理阁下，你们堂堂的中国人，为什么还要用我们美国产的钢笔呢？"周恩来听后，风趣地说："谈起这支钢笔，说来话长，这是一位朝鲜朋友的抗美战利品，作为礼物赠送给我的。我无功受禄，就拒收。朝鲜朋友说，留下做个纪念吧。我觉得有意义，就留下了贵国这支钢笔。"美国记者一听，顿时哑口无言。

这名记者的本意是想挖苦周恩来：你们中国人怎么连好一点儿的钢笔都不能生产，还要从我们美国进口？结果周恩来说这是朝鲜战场的战利品，使这名记者丢尽颜面。这就叫搬起石头砸自己的脚。

还有一次，周恩来设宴招待外宾。上来一道汤菜，里面的冬笋片是按照民族图案刻的，在汤里一翻身恰巧变成了法西斯的标志。西方客人见此，大惊失色。周恩来对此也感到很意外，但他随即泰然自若地解释道："这不是法西斯的标志，这是我们中国传统中的一种图案，念'万'，象征'福寿绵长'，是对客人的良好祝愿！"接着他又风趣地说："就算是法西斯标志也没有关系嘛，我们大家一起来消灭法西斯，把它吃掉！"话音未落，外宾哈哈大笑，气氛更加热烈，这道汤菜也被客人们吃得精光。

一般情况下，在外交场合出现法西斯的标志很容易引起外交纠纷，尤其是曾经遭受法西斯铁蹄蹂躏的国家，他们对这种标志很反感。周恩来的解释及时化解了他们的误会。更令人叫绝的是周恩来借题发挥，号召大家一起来"消灭法西斯"，把那道菜吃掉。就这么一个被动场面，经周恩来反意正解，反倒起了活跃宴会气氛的效果。可见周恩来对外交场面的驾驭是何等出神入化！

周恩来在一次记者招待会上满腔热情地介绍了我国的建设成就，有个西方记者却突然提出问题，此问有两种用意：一是嘲笑中国穷，实力弱，国库空虚；二是想刺探中国的经济情报。记者说："请问，中国人民银行有多少资金？"周恩来在这种高级外交场合，当然不可能实话实说。这时，他机智过人的幽默风度再次亮剑，他委婉地回答："18元8角8分。"当看到众人不解的样子时，他又解释说："中国人民银行发行的面额为10元、5元、2元、1元、5角、2角、1角、5分、2分、1分这10种主辅人民币，合计为18元8角8分……"

这种回答，机智，典雅，天衣无缝，让全场人折服。

还有一次，周恩来在加德满都举行记者招待会。在场的美国记者故意拿着中尼两国分别出版的地图，指出两国边境在珠穆朗玛峰这一段的画法不一致，并借此提问："关于珠穆朗玛峰的问题，在这次会谈中是否已做出了决定？您刚才的话，是否意味着由中尼两国来平分这座山峰，尼泊尔是否同意？"周恩来立即回答："无所谓平分。当然，我们还要进行友好的协商。这座山峰是把我们两国紧紧地联结在一起，而不是你们所说的把我们两国分开！"

　　边界问题在国际上历来是一个敏感的问题，美国记者的提问既是挑衅，又是圈套，简单回答是或不是都会掉进陷阱。周恩来洞察其用心，改"平分"为"联结"，表明了我国解决同邻国边界问题的基本方针，强调了睦邻友好政策，出语无懈可击，一举击破了美国记者的阴谋。周恩来这位中华泱泱大国总理的机智幽默和友好风度在尼泊尔人民心中留下了极其深刻的印象。

43 | 淮安旧居

毛泽东与周恩来是亲密战友,但他俩生活和工作习惯截然不同:毛泽东穿着爱宽松,方便活动;周恩来穿着爱整洁,大热天也不轻易解开衣领风纪扣。毛泽东对办公室不十分讲究整齐,尤其在床上办公是越乱越好,谁也不可因为不整齐而收拾他摆得凌乱的书、报、文具等,他善于在乱中捕捉规律,能马上找到要找的东西。周恩来的办公室却十分齐整,办公桌上虽然堆着如山的文件、报纸,但不可有一件随意摆放,每日的文件、报纸从上到下按日期堆放。周恩来每天到办公室的第一件事就是先戴好两只袖套,然后从上到下按日期有序处理文件。

这对亲密战友,虽然生活和工作习惯各不相同,但襟怀、情操、理想、追求一致。周恩来自从遵义会议力荐毛泽东之后,更可敬可贵的是始终能找准自己的位置。他数十年如一日,把对中国革命和建设的深情,倾注到党和人民的伟大事业上,情真意切,至忠至诚,鞠躬尽瘁。无论是对朋友、对同志,还是对党的事业,他的忠诚和尽职都让人难以忘怀。

1964年4月,周恩来陪同刚果客人访问韶山,档案里对细节如是记载:周恩来走进毛泽东的卧室,问主席的生辰农历十一月十九日反复核对没有？讲解员说是根据《韶山毛氏四修族谱》的记载查到的，不会错。"那好。"周总理接着问，"主席父母亲的出生和去世年月弄清没有？"讲解员老实回答只在《韶山毛氏四修族谱》查到农历的。周恩来笑着说："知道农历，请人到紫金山查一下阴阳对照表就行了。主要是农历不能弄错。"在毛泽东的卧室里，周恩来一一询问每件物品的来历，有时他还情不自禁地轻轻抚摸一下，"这里的文物很重要，很珍贵，要很好地保护"……周恩来说一句点一下头，发自肺腑。临别时和招待所的同志一一握手，他认真地说："我今天到韶山来，感到很幸福。你们在毛主席家乡工作很光荣。一定要搞好宣传接待工作。再见！"周恩来从车窗探出头来，洋溢着深情说："韶山我还会再来的。"

可是，周恩来自12岁那年离开故乡淮安，就再也没有回去过。

周恩来在淮安驸马巷的出生地，有两个院落，是周恩来祖父周起魁在淮安做县官时和他的二哥周昂骏合买的，由东西相连的两个小院落组成。东边院子大门向东，临驸马巷，原有三进13间房屋，其中第三进的3间是周恩来诞生和幼年生活的地方；第二进两间北屋和拐角相连的三间东屋是周恩来幼年读书的地方。西边院子大门向南，临局巷，原有三进19间房屋，其中第三进有西南堂屋3间，是周家最古老的主屋；前有小屋两间，叫"亭子间"，是周恩来嗣母陈氏的住房。周恩来幼年过继给陈氏以后，就住在这里。在主屋和"亭子间"之间，有一眼水井。在这个院落的西北角，有一片较大的园地，过去曾有茅屋，种过瓜菜。

早在新中国成立初期，淮安县委就对周恩来故居中将要倒塌的房屋进行了初步维修。对于这样一处诞生了中国共产党的卓越领导人、国务院总理的旧居，这种维修既表达了淮安家乡人民的愿望，也表达了全国人民的心愿。

可是，当周恩来1952年从侄儿的来信中知道这件事后，"万分不安"。他本考虑将房屋交公家处理，但因八婶母还在，又恐交公后公家拿它做纪念馆，就未提出处理意见。周恩来立即写信给淮安县委交代今后不要再维修，并用自己的工资付了这笔维修费。

1953年，周恩来派人送在京的八婶母回淮安时，同八婶母有过沟通，交代工作人员送婶母回乡的几个任务中，就有一项是要县委把他的旧居处理掉。淮安县委不理解，对年久失修已有危险的房屋还是进行了一次大修。周恩来知道后批评了来京的淮安县工作人员，又马上向淮安县委写信提出"三不准"，并让来京的淮安县副县长王汝祥随信带去了修理费。

两年后，周恩来在接见淮安县委另一负责人刘秉衡时又提到此事，他交代说："我的房子一定要处理掉，决不能同毛主席的旧居相比。"第二天，邓颖超又找刘秉衡谈话，恳切地说："总理多次说了，一定要把他住过的房子处理掉，不能和毛主席旧居比。如果不拆，也可以用起来，比如办幼儿园，办图书馆，或者让人去住，总之要用起来，处理掉……这是总理一贯的意思，我完全赞同。"最后，她还郑重其事地说："他是中央领导人之一，你是党员，你们应该听他的正确意见嘛！"

这次，淮安县委再不敢违背总理的指示精神了，决定将周恩来诞生和生活过的东边宅院作为县委学习室和儿童图书馆，两边宅院让群众住进去。

1961年8月，周恩来在接见侄媳孙桂云时，又询问了房屋处理的事，得知虽然已处理了，但还是不断有人去参观。

无奈，只好挂出"私人住宅，谢绝参观"的木牌，但一块木牌是无法抑制人民对周总理的崇敬之情的，参观者依然络绎不绝，进不了屋就在窗外流连……

1973年11月17日，国务院办公室又给淮安县委打电话，正式传达了周恩来关于处理旧居的三条指示：

一、不要让人去参观；

二、不准动员住在里面的居民搬家；

三、房子坏了不准维修。

1974年8月1日，周恩来在接见侄媳孙桂云时询问三条指示的执行情况，得知淮安县委条条执行了，还在干部会上动员大家尊重他的指示，不组织、不带领人去参观。可外地的人还是千方百计地去参观。

"把房子拆了"周恩来又同侄媳商量，"你们搬个地方住，行吗？"

邓颖超也说："拆迁吧，我们给钱。"

"拆迁房屋要经政府批准，我们自己不好决定。"孙桂云说。

周恩来点点头。最后，只好又嘱咐说："你们要劝说前来的人，叫他们到韶山去瞻仰毛主席的旧居。"

侄媳懂得伯父的心意，会心地点头。

社会上流传一首词，颂扬周恩来处理他故居的感人事迹：

念奴娇·故居约法

家乡亲旧，念叮咛：莫破故园沉寂；若问韶光何处往，烟树湘江历历！万朵祥云，一轮朝日，千古韶山碧！红娇紫艳，迥非淮水能匹！

奈何不拆吾庐，永约三章：不要群莺集，不要惊飞梁上燕，不要添砖加茸。厚意深情，粉墙巨像，一帧表心迹。高风堪慕，清辉长想明月。

44 | 日理万机

周恩来入睡比较困难，像许多用脑过度的人一样，睡前要服安眠药。无论是住西花厅还是外出住旅馆、宾馆，他入睡前基本上都离不开服药。

周恩来睡前服安眠药控制只服一次，服多了怕醒不来影响工作。若服一次还睡不着就只好要保健护士做做头部按摩，促进血液循环。再睡不着就苦不堪言了。因为工作压力大，他一般只安排自己睡四个小时，拖一个小时不入睡就少睡一小时，时间一到，哪怕是刚睡或没睡都得起来，所以根本没睡或只睡了一两个小时也正常。若刚刚入睡就只得要值班人员叫醒。叫不醒就摇醒，摇也摇不醒时，就必须两人一架，把他从床上搀扶起来，"强行"在屋里转几圈，直到把他弄醒……多少次啊，工作人员都是泪流满面，甚至抽泣难忍地做这种事。

这样催醒他，有正常催醒、特殊催醒和急电催醒。

正常催醒，工作人员开始有点儿不忍心，但过后就会受到周恩来的批评。

一次，工作人员小高见时间已到，可周恩来的灯刚刚熄灭，他只好来到床边，轻轻地叫："总理，总理，到点了……"

先站着叫，再俯身叫，见周恩来睡得很沉，又只好去摇摇他的身子。摇动身子，周恩来闪了闪眼皮，可他实在太困了，又沉沉地睡了。工作人员一对视，都摇摇头，不忍心再摇，只好退出卧室，站在门边守候，做好了挨他一顿批评的准备。大家都只盼着过春节，只有到了春节，周恩来才有两天可能睡到自然醒。

看时针过去一小时了，工作人员何树英只好心一硬，说："不能再拖了，叫醒吧！"

他们只好又去床边轻轻摇，直摇得周恩来蓦然奋力坐起，旋即自己穿上衣服，一看手表，超过了一小时。周恩来的脸陡然变了颜色，目光火辣辣地盯住他们，他们只好低下头。

"你们怎么搞的？怎么晚了一小时？"

"总理……"何树英唤一声，喉咙哽住了。

"胡闹！"周恩来大发脾气了。

"总理批评吧。"两人都流泪了，"我，我们实在是不忍心，你还刚刚入睡，实在太困了……"

"唉，"周恩来也叹息一声，语气缓和了些，"你们的心情我理解。不要总想着我怎么样，我的工作，时间卡在那儿，到点必须叫。你们好心叫我多睡会儿，可工作还是那么多，不干行吗？你们除了打乱我的工作节奏，影响一天的活动，并不能减少我的工作量，这不是好心帮倒忙吗？我起不来，你们硬把我叫醒，这才是对的；不叫醒，就是错误，以后不允许再发生这类事。"

从此以后，工作人员再也不敢犯错了。实在摇不醒，就两人一起"残酷"地把周恩来从床上架起来，给他披上衣服，再把他的手臂架在肩上，搀扶着他在屋里走……精神再刚强，但毕竟不是铁打的。他们一边搀扶周恩来挪步一边心里难过。

特殊催醒，是毛泽东亲自打电话要找周恩来的时候。一次，当毛泽东知道周恩来才睡了一个小时,便在电话里吩咐:"两个小时以后再叫醒他,到我这里来一下。"

两小时后,工作人员催醒周恩来,把毛主席找他的事告诉了他。他却问起工作人员,毛主席是什么时候说叫他过去的,工作人员只好实话实说是两小时前。周恩来一听,一边匆匆穿衣,一边严厉批评工作人员:"我是怎么交代的?无论何时何地何种情况,只要是主席找我,必须立刻报告!"

工作人员解释:"两小时后才叫醒,是毛主席关照的呀!"

"主席找我,肯定有急事。"周恩来用手势表示不让解释,"记住:今后不论任何情况,只要是主席找我,哪怕是刚睡下也必须马上叫醒。"

急电催醒的时候就更多了,如边境冲突、水火灾害、列车出轨、飞机空难、地震等突发事件都要报给周恩来,有些事情万分紧急,一刻也不能耽搁。周总理日理万机,真的不容易!

45 | 十里长街送总理

1972年5月18日，周恩来患癌的结论报告出来了。

早在1965年，周恩来就被查出患了心脏病。毛泽东非常关心周恩来的健康，那时请他"工作量减少一点，少看一点文件"；周恩来患了癌症后，毛泽东又多次劝他"安心养病""节劳，不可大意"，又一而再地推荐邓小平来替他"顶"。后来林彪事件对毛泽东的身体健康造成巨大的损害，对周恩来的刺激同样是巨大的。那时周恩来突然休克。医务人员根据他的病征猜测，他的身体很可能在那时就开始发生癌变。

在毛泽东的关心下，由吴阶平任组长，成立了"总理医疗小组"。照常例，所有人统一口径。保健医生可以比专家小组多讲几句，但也不能离谱，这其实只是瞒着周恩来。可周恩来从一开始治疗就知道自己得了癌症，明白"只不过是个拖时间的问题"，只是为了体谅大家的苦心，他从不点破。医者和患者就这么心照不宣，都给对方一个安慰的念想吧。

1974年6月1日，周恩来向工作人员口授了"6月1日后对送批文件的处理意见"，将各项工作都责任到人地做了到位的安排。然后大家把周恩来搀扶起来，让他再把办公桌上所有文件清理、整理一遍。他拉下套在两袖的蓝布工作袖套，袖套两头的松紧带还是那样地充满活力……它们陪伴周恩来度过了多少个不眠之夜啊。周恩来将两只袖套叠整齐，放在桌面的老位置上，用手轻轻抚平，目光在上面凝滞片刻……突然猛抽口气，眼圈泛红，将头迅即转向一旁……

工作人员都伤心地低下了头。

周恩来不得不告别工作了25年的西花厅，住进中国人民解放军三〇五医院，并在当天做了第一次手术。从这天起至1975年10月下旬的这段时间，是周恩来把自己的全部身心最后献给党、国家和人民的一年零五个月。而从1975年10月下旬到1976年初的两个多月里，他已离不开病床，并不管怎么努力，哪怕由人搀扶，也无法站起来了……

回头看周恩来在三〇五医院的工作日历和工作人员的日记：

从1974年1月到5月，这住院前夕的5个月，除了到医院检查病情和治疗外，他总共抱病工作139天。这139天中，工作14小时以上的有130天，剩余的9天无一不在10小时以上。

……到了11日夜，他还是不能休息，晚上又安排了几个会。第二个会议开始时，他终于累得犯了病，就站起来用椅背顶住腹部继续听汇报。大家不知道他已连续工作近50小时，请他坐下听。他低声说："我不能坐，一坐下就会睡着……"

1974年3月6日下午3点至1974年3月7日中午12点半：

……他工作12小时后，发生缺氧病状，体力实在支撑不住了，躺到床上吸氧，边吸氧边批看文件达9个半小时……

1974年5月6日下午4点至8日凌晨4点半：

他继续工作18小时后，刚睡下40分钟就被叫到钓鱼台……而后又工作10多个小时，一直到8日凌晨4点半。

他又出现严重的缺氧病状，这已经是第四次了……

周恩来的一生几乎都是在如此超负荷的工作中度过的，这时，他已是古稀之年，住在医院里，每日大量便血，病情相当严重！当时他身边的卫士和医务人员也累病了三四个，都是比他年轻二三十岁的健康同志。

周恩来人生最后的十多天里，因癌症的折磨，几乎都是在昏睡……在癌症的折磨中，只有当他完全昏迷时才能听到他在轻轻地呻吟，等醒来又无声响了，他仍然在以超人的毅力与病魔做斗争，不流泪、不吭声、身体不抽搐，在人前表现出大雅风度。1976年元旦前夕，理发店的朱师傅捎信想给总理理发过年，工作人员问周恩来，耳朵贴他嘴唇听得发出声音："不，不要了。老朱，他、他看到我这个样子，会、会难过……"

叶剑英每天都要来医院看望周恩来，两位老战友一谈就是三个小时，后来视病情又改为两个小时……周恩来昏睡了，叶剑英也坐着陪一阵。朱德、邓小平、李先念等中央首长都多次来看望。当时，中央规定，只有政治局委员以上的领导才能来看望。曾在周恩来身边工作的同志请求来看望周恩来，邓颖超只好答应在周恩来昏迷时来，并严格规定不许哭，怕因同志们哭而打扰到他。

可是，怎么可能不哭呢？几个女同志见了周恩来，控制不住，捂住嘴呜咽，由人搀扶出大厅，哭倒在地上；身经百战、历遭磨难的李先念同志，出了病房也号啕大哭……

周恩来醒来说："拿、拿《国际歌》，放、放一放……"《国际歌》于是被连放三遍，周恩来还对守在身边的邓颖超发出微弱的声音："我坚信全世界共产主义一定能实现，团结起来到明天，英特纳雄耐尔就一定要实现！"

1976年1月8日9时57分，敬爱的周总理，心脏停止了跳动，永远地离开了我们。

1月10日、11日，党和国家领导人以及首都各界群众代表前往北京医院向周恩来的遗体告别：都哭出来，哭得最大声；都流出泪来，流干为止……那情景令天地动容。群众告别的泪水竟然把地毯打湿了一米多宽……

1月11日下午4点40分，载着周恩来遗体的灵车徐徐开向八宝山。

十里长街送总理。几十万首都群众在严寒中自发排队站在长安街两旁，送别敬爱的周总理，哭声感天动地。

同一时间，全国960万平方千米的土地上，洒满8亿人民的泪水……

46 您是这样的人

1976年周恩来去世后,工作人员整理周恩来和邓颖超两人的工资收入和支出账目后统计:从1958年到1976年,两人的收入一共是161442元;其中,用于补助亲属的是36645.51元,补助工作人员和好友的是10218.67元,这两项支出约占两人总收入的三分之一。他们的主导思想是,拿自己的工资来补助,就可以减轻国家的负担。

至于周恩来的积蓄,他也曾立了规矩:凡是积蓄够了5000元,多出来的没什么用的,就交党费。就这样,周恩来总共交了14000元党费。在他去世以后,他和邓颖超两个人的积蓄才5100元。

这就是8亿人口的中华人民共和国总理的全部积蓄。

1月15日,周恩来追悼大会之后,中央遵照他的遗嘱,骨灰不保留,撒入祖国大地。

周总理,您是这样的人——鞠躬尽瘁为人民!您深情地爱着这片土地!

主要参考书目

1. 中共中央文献研究室. 周恩来年谱［M］. 北京：中央文献出版社，1998.

2. 金冲及，中共中央文献研究室. 周恩来传［M］. 北京：中央文献出版社，2018.

3. 中央文献研究室科研部图书馆. 周恩来人生纪实［M］. 南京：凤凰出版社，2011.

4. 于俊道. 红墙里的领袖们：周恩来实录［M］. 北京：中国工人出版社，2012.

5. 苏叔阳. 大地的儿子——周恩来的故事［M］. 北京：中国少年儿童出版社，1996.

6. 石仲泉，陈登才. 周恩来的故事［M］. 北京：中共党史出版社，2006.